教育部人文社会科学研究规划基金项目
"敦煌汉、藏文术数书整理释录与比较研究"（13YJA770007）资助

中国博士后科学基金资助

敦煌汉、藏文术数书整理释录与比较研究书系

敦煌吐鲁番出土发病书整理研究

陈于柱◎著

科学出版社
北京

内 容 简 介

《发病书》为历代公私书目所未见，故敦煌吐鲁番出土《发病书》具有重要的文献学和历史学价值。这批资料的发现，不仅为解决《发病书》在历史上的存在与流行提供了有力证据，有助于保存并丰富中古时代的文献典籍，而且可以补充学界对中古中国疾病史、医疗史、社会史等领域的进一步认识。

本书对敦煌吐鲁番出土《发病书》的探究共设研究篇和校录篇两部分。在校录篇中，对目前所掌握的包括敦煌吐鲁番出土《发病书》、于阗文占病文献、新发现的传世线装本《发病书》在内的全部资料进行校录整理，以方便学界参考和利用。在研究篇中，一方面对敦煌吐鲁番出土《发病书》进行系统的写本文献学研究，进一步解决这批文献的定名、断代、缀合等问题；另一方面，对敦煌吐鲁番出土《发病书》开展历史学探究，并就学界长期未能厘清的武威西夏墓葬部分彩绘木板画的性质与医史背景开展研究。本书不仅力求为学界提供经过整理的敦煌吐鲁番出土《发病书》资料，而且希望通过历史学的介入，进一步扩展敦煌吐鲁番出土术数文献的研究范围，努力实现文献学、历史学、医学以及图像学的跨学科对话与协作。

本书可供中国史、敦煌学等学科学者及相关专业本科生、研究生阅读和参考。

图书在版编目（CIP）数据

敦煌吐鲁番出土发病书整理研究 / 陈于柱著. —北京：科学出版社，2016. 10
（敦煌汉、藏文术数书整理释录与比较研究书系）
ISBN 978-7-03-050243-8

I. ①敦… II. ①陈… III. ①敦煌学—研究②迷信术数—研究 IV. ①K870.6 ②B99

中国版本图书馆 CIP 数据核字（2016）第 253273 号

责任编辑：陈　亮　范鹏伟 / 责任校对：何艳萍
责任印制：张　倩 / 封面设计：黄华斌

联系电话：010-6402 6975
E-mail：chengliang@mail. sciencep. com

科 学 出 版 社 出版
北京东黄城根北街 16 号
邮政编码：100717
http://www.sciencep.com

北京凌奇印刷有限责任公司 印刷

科学出版社发行　各地新华书店经销
*
2016 年 11 月第　一　版　开本：720×1000　1/16
2016 年 11 月第一次印刷　印张：12
字数：200 000

POD定价：68.00元
（如有印装质量问题，我社负责调换）

目　　录

研　究　篇

校　录　篇

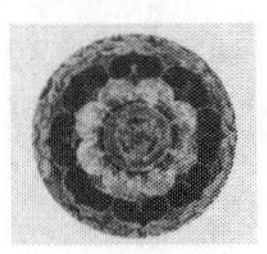

凡　例

1. S.：伦敦英国国家图书馆藏敦煌文献斯坦因编号。P.：巴黎法国国立图书馆藏敦煌文献伯希和编号。P.T.：巴黎法国国立图书馆藏敦煌藏文文献伯希和编号。Дх.：圣彼得堡俄罗斯联邦科学院东方学研究所圣彼得堡分所藏敦煌文献编号。Φ.：圣彼得堡俄罗斯联邦科学院东方学研究所圣彼得堡分所藏敦煌文献弗鲁格编号。Ch.：伦敦英国国家博物馆藏敦煌绢纸画编号。I.O.：英国印度事务部图书馆藏敦煌藏文写本瓦雷·普散编号。Vol.：英国印度事务部图书馆藏敦煌藏文写本编号。

2. 凡一号中有多件文书者，以件为单位进行录校。在每件文书标题前标明其原编号码。

3. 同一文书有两种以上写本者，释录到哪一号，即以该号中文书为底本，以其他写本为参校本。有传世本者，以写本为底本，以传世本为参校本。

4. 释文用阿拉伯数字标明行数。涉及图式，行数清晰者标之；否则不加以标明。夹行与图式中的文字，由于技术原因，个别字句可能与原文方位并不一致。

5. 底本与参校本内容有出入，凡底本中文字文义可通者，以底本为准，而将参校本中异文附于校记中。若底本有误，则保留原文，在错误文字下用（）注出正字。如底本有脱文，可据他本和上下文义补足，将所补之字置于〔 〕内；无他本或据文义无法补足者，在校记中说明。对有疑义的字，原字后用（?）表示。原书写者未写完或未写全者，用“以下原缺文”表示。

6. 原件中的衍文，保留原状，但在校记中注明某字或某句衍。

7. 原件中的同音假借字照录，用（）在该字后注出本字。

8. 原件残缺，依残缺位置用（前缺）、（中缺）、（后缺）表示。对原卷辨识不清或释读不出的字用□表示，一般每□表示缺一字。不能确知缺几个字的，▭表示上缺，▭表示下缺，中间所缺而不知字数者用▭表示，一般占三格，有时为保持原文格式，可适当延长，视具体情况而定。

9. 凡缺字可据别本或上下文义补足时，将所补之字置于□内。原文残损，据笔画和上下文可推知某字者，径补。

绪　论

《敦煌吐鲁番出土发病书整理研究》是《敦煌汉、藏文术数书整理释录与比较研究》书系中的一部。

《唐六典》卷十四《太常寺太卜署》记载："凡阴阳杂占，吉凶悔吝，其类有九，决万民之犹豫：一曰嫁娶，二曰生产，三曰历注，四曰屋宅，五曰禄命，六曰拜官，七曰祠祭，八曰发病，九曰殡葬。"[①]该则史料不仅表明"发病"是唐代社会较为流行的占卜事项之一，而且也清晰地展明了疾病对当时社会与民众生活的重要影响。然公私书目均未见载以"发病"或占卜疾病为名的著作。故20世纪初以来在敦煌吐鲁番等地区出土的《发病书》，无疑具有极高的学术价值。这批资料的发现，不仅为解决《发病书》在历史上的存在与流行提供了有力证据，有助于保存并丰富中古时代的文献典籍，而且可以补充学界对中古中国疾病史、医疗史、社会史等领域的进一步了解。可以说，敦煌吐鲁番出土发病书具有重要的文献学和历史学价值。

敦煌吐鲁番出土发病书有狭义与广义之别，狭义上讲为明确题作"发病书"的敦煌吐鲁番文献；就广义而言，则是指敦煌吐鲁番文献中对年、月、日、时等各类时间段下得病者的病状、病因、治疗、禁忌、痊愈等情况进行占卜的文本。符合广义发病书的敦煌吐鲁番文献，笔者统计有P.2856、S.6196V、S.6346V、羽015／三V、P.2978V、P.4732V、P.3402V、P.3556V、S.P.6、Дx.01258＋Дx.01258V＋Дx.01259（＋Дx.04253V）＋Дx.01259V（＋Дx.04253）＋Дx.01289＋Дx.01289V＋Дx.02977＋Дx.02977V＋Дx.06761＋Дx.06761V＋Дx.03165V＋Дx.03165＋Дx.03829＋Дx.03829V＋Дx.03162＋Дx.03162V、S.1468、S.6216、Дx.05193、Дx.00506、Дx.05924、P.3081、P.T.55、Ch.468（T II D 287）、Ch.1617背（T II T 3072），其

① （唐）李林甫等撰，陈仲夫点校：《唐六典》，北京：中华书局，2014年，第413页。

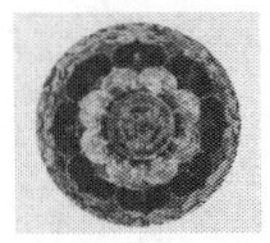

中 P.T.55 为藏文写本，另有多件实为一卷之裂，或可以直接缀合。此外，和田出土的 Hedin17 号（A）于阗语文献在性质上亦属于《发病书》范畴，故此件写本也被纳入到本课题的研究范围。

学术界对敦煌《发病书》的研究，起步于 1937 年王重民先生在《巴黎敦煌残卷叙录》中对法藏 P.3081 写本的研究，他汇集诸家文字，对此件文书的内容、篇目及性质作了精审考辨①，研究虽是题解式的，就卷中的《七曜日得病望》也未作专门讨论，但对“七曜”的域外特征给予揭示，为学界进一步探讨此件写卷提供了重要知识背景。1992 年日本出版的《讲座敦煌》第 5 卷所收菅原信海先生《占筮书》一文，首次对敦煌占卜文献加以汇集、分类，在引起人们对敦煌术数文献的关注上发挥了重要作用，其中就 P.2856《发病书》的篇目构成等情况作了重点介绍②。

进入 21 世纪，学界对敦煌《发病书》的关注呈现从以往个案式研究向整体把握的趋势。这一领域的全面研究，首推 2001 年出版的黄正建《敦煌占卜文书与唐五代占卜研究》一书，该书对包括《发病书》在内的敦煌汉文术数文献开展了极为细致的调查、分类，逐一著录定名，并间加考证，发明极多，在敦煌文献研究史上具有里程碑的意义③。次年黄正建先生发表《关于〈俄藏敦煌文献〉第 11 至 17 册中占卜文书的缀合与定名等问题》一文，再次检出多件俄藏敦煌文献中的发病书残卷④。《敦煌占卜文书与唐五代占卜研究》增订版于 2014 年出版，该书进一步增收了新近刊布的日本杏雨书屋藏敦煌文献羽 015V《发病书》，并对此件写本进行了文献学探讨⑤。

法国学者马克（Marc Kalinowski）先生主持的“中古中国的占卜与社会”项目报告书于 2003 年由法国国家图书馆出版，该报告书不仅较为全面地介绍了英藏、法藏、俄藏敦煌文献中的发病书，而且还特别提及吐鲁番文书中存

① 王重民：《巴黎藏敦煌残卷叙录》第 2 辑，见黄永武新编：《敦煌古籍叙录新编》第 9 册，台北：新文丰出版公司，1986 年，第 170 页。

② ［日］菅原信海：《占筮书》，载［日］池田温编：《讲座敦煌》（5）“敦煌汉文文献”，东京：大东出版社，1992 年，第 458 页。

③ 黄正建：《敦煌占卜文书与唐五代占卜研究》，北京：学苑出版社，2001 年，第 136—146 页。

④ 黄正建：《关于〈俄藏敦煌文献〉第 11 至 17 册中占卜文书的缀合与定名等问题》，《敦煌研究》2002 年第 2 期，第 48—49 页。

⑤ 黄正建：《敦煌占卜文书与唐五代占卜研究》（增订版），北京：中国社会科学出版社，2014 年，第 136—146 页。

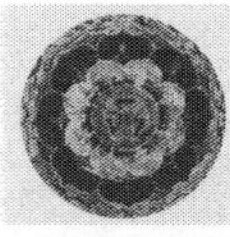

有两件发病书残卷①。马克先生的这一提示，对学界了解敦煌与吐鲁番出土发病书整体情况而言，具有重要示范意义，值得表彰。

2013 年出版的王晶波《敦煌占卜文献与社会生活》一书，对敦煌遗书中的术数文献进行了较为全面的梳理、分类与考订，就敦煌发病书而言，该书对相关残卷做了大量缀合工作，完善了学界对敦煌发病书的写本学认识②，为这一领域的进一步研究提供了重要参考。

从道教史视角研究敦煌发病书，是 21 世纪初敦煌发病书研究的特色之一。王卡先生将 S.6196V、S.6346V、S.6216、S.1468 等多件敦煌写本发病书残卷定性为道教文献，并统一定名为《镇宅触犯治病日历》③。刘永明先生通过对 P.2856 为中心的敦煌发病书内容构成、文本特点的分析，着重考察了敦煌本发病书与道教的密切关系，力图以此揭示道教世俗化的具体途径和表现④。

据学者统计，新疆吐鲁番出土占卜类文献有 40 余件，内容涉及易占、卜法、禄命书及发病书等⑤。荣新江先生最早著录了德国国家图书馆藏吐鲁番出土发病书残卷 Ch.468（T II D 287）与 Ch.1617 背（T II T 3072）的文本情况，并通过与敦煌发病书的比较，对以上两件写本做了初步定名工作⑥。马继兴先生从医药史视角考察了这批文献，认为 Ch.1617 背在性质上属于医方书，将其定名为《不知名药方第三十种》⑦。

敦煌、新疆出土少数民族语言占病类文献亦已受到学界关注。敦煌古藏文 P.T.55《十二因缘占卜》之《寿元品》系以十二因缘日为序占卜疾病的一件特殊写本，黄维忠、格桑央京两位学者相继释录、翻译了此件写卷，并做题解说明⑧。此外，和田出土的于阗语文献中有一件编号 Hedin17 号（A）的写

① Marc Kalinowski, *Divination et sociétédans la Chine médiévale. Etudedes manuscripts de Dunhuang de La Bibliothèque nationale de France et du British Museum*.Paris: Bibliothèque Nationale de France，2003，p.475.另需介绍和说明的是，王爱和博士学位论文《敦煌占卜文书研究》亦于 2003 年完成，该论文对多个类别的敦煌术数文献进行了初步整理与叙录。

② 王晶波：《敦煌占卜文献与社会生活》，兰州：甘肃教育出版社，2013 年，第 451—470 页。

③ 王卡：《敦煌道教文献研究——综述·目录·索引》，北京：中国社会科学出版社，2004 年，第 157 页。

④ 刘永明：《敦煌道教的世俗化之路——敦煌〈发病书〉研究》，《敦煌学辑刊》2006 年第 1 期。

⑤ 游自勇：《敦煌吐鲁番占卜文献与日常生活史研究》，《中国高校社会科学》2015 年第 2 期，第 90 页。

⑥ 荣新江主编：《吐鲁番文书总目·欧美收藏卷》，武汉：武汉大学出版社，2007 年，第 38、135 页。

⑦ 马继兴：《当前世界各地收藏的中国出土卷子本古医药文献备考》，《敦煌吐鲁番研究》第 6 卷，北京：北京大学出版社，2002 年，第 158 页。

⑧ 黄维忠：《P.T.55 号〈十二支缘生〉初探》，《贤者新宴》第 2 辑，北京：北京出版社，1998 年，第 211—215 页；格桑央京：《敦煌藏文写卷 P.T.55 号译释》，《藏学研究》第 9 辑，北京：民族出版社，1998 年，第 248—271 页。

本，贝利（H.W.Bailey）先生于20世纪60年代在《于阗语文献集》卷四刊布了其释文，并拟题为《逐日身体不适推吉凶法》[①]。近年刘文锁先生进一步分析了此件写本的文例特点和书写年代，并初步考察了其文本源流问题[②]。古藏文和于阗文占病写本的发现与释读，对于学界了解占病类文献在中国古代敦煌与新疆少数民族社群中的传播与流行情况具有重要参考价值。

综合以上可以看出，自1937年以来的七十多年里，中外学者在敦煌吐鲁番出土发病书文献研究方面做了许多工作，取得了不少成果。这些成果主要集中在以下几个方面：一是敦煌吐鲁番出土发病书文献的刊布和叙录。随着各地区敦煌吐鲁番文献的刊布工作暂时告一段落，除个别卷号外，敦煌吐鲁番出土文献中的发病书资料多已被学界公布；二是敦煌发病书的写本学研究。由于敦煌写本发病书多为残卷，故对这些残卷进行初步的缀合、校理，成为学界过去一段时间的主要工作之一；三是敦煌发病书的宗教学研究。利用敦煌写本发病书探讨中古中国及敦煌地区道教史，是21世纪初学界对敦煌发病书研究的一个新领域，虽然在敦煌术数文献与道教关系的"准确对焦"问题上仍有待夯实，但既有成果扩展了敦煌发病书研究的视野。

不过，就敦煌吐鲁番出土发病书目前的整体研究状况而言，其形势并不令人满意，还存在不少薄弱环节。

首先，对敦煌遗书中的发病书资料及传世本发病书的拣择、搜集不够详尽和到位，且无完整的敦煌吐鲁番发病书辑校本。近年来各单位收藏的敦煌文献多已刊布，学界对其中发病书的拣择和统计也不断完善，但时至目前仍有遗漏，以致既有成果对敦煌发病书资料掌握得不够全面。如S.P.6《唐乾符四年丁酉岁（877）具注历日》中的《推十干得病日法》保存了其他同类文献所未见的十余种致病鬼形，这样一件重要的发病书资料却长期被学界所忽视。此外，由于正史书目中未见著录有以占病为名的著作，故学界对《发病书》是否为一类专书以及敦煌藏经洞出土《发病书》残卷是否仅是流行于敦煌区域的一种地方性文献等诸多重大关键问题，始终未能彻底解决。而实际上在

① H.W.Bailey, *Khotanese Texts IV, Saka Text from Khotan in the Hedin Collection* , Cambridge University Press，1961，pp.109-110.

② 刘文锁：《于阗文占卜文书》，樊锦诗、荣新江、林世田主编：《敦煌文献·考古·艺术综合研究》，北京：中华书局，2011年，第319—320页。

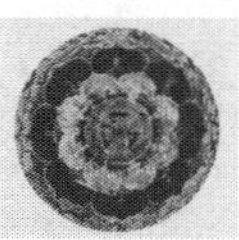

距离敦煌《发病书》残卷一千多年的今天的中国某些地区，仍存在和使用《发病书》，只是学界此前未能开展有效的田野调查和文献搜集罢了。敦煌吐鲁番出土发病书资料的整理工作缺失尤甚，目前仍无一个完整的辑校本，而且已有的几篇录文存在不少错误。这些都不利于学界对敦煌吐鲁番出土发病书全貌的了解和利用，也不利于新时期敦煌吐鲁番文献整理研究工作的整体推进。

其次，敦煌吐鲁番出土发病书的文献学研究仍有待持续深入。学界此前在敦煌吐鲁番发病书的文献学研究上尽管已投入很大精力，但仍存在缀合校理不完整、定名不准确、断代工作不深入等问题。如《俄藏敦煌文献》第八册曾刊布了由Дх.01258、Дх.01259、Дх.01289、Дх.02977、Дх.03162、Дх.03165、Дх.03829等七个编号组成的《天牢鬼镜图并推得病日法》，但由于《俄藏敦煌文献》与学界忽视了各书叶彼此的写本学关系以及卜辞文例的衔接性，故造成了目前相关书叶的排布仍是错乱的，需要重新校理。

再次，敦煌吐鲁番出土发病书缺乏综合整理与整合研究。这主要表现在两个方面，一是研究敦煌本发病书者很少关注新疆地区出土的发病书资料，从而导致学界对《发病书》在古代中国流行传播情况的认识受到了极大限制。二是敦煌吐鲁番发病书资料中汉文与少数民族语言文献的比较综合研究深入不够，以致直接影响到某些学术领域关键问题的解决。

最后，学界对敦煌吐鲁番出土发病书的关注目前主要集中在文献学与宗教史领域，较之以往虽已有拓展，但仍有许多重要领域未加注意，主要表现在发病书的历史学探究严重不足，学术价值未能充分挖掘等方面。《发病书》作为古代中国长期流行的实用书籍，蕴含着极为丰富的社会历史信息，材料所反映的中古中国及敦煌吐鲁番等地区的疾病史、医疗史与社会史等问题前人普遍关注不足。

基于以上认识，为解决既有研究的薄弱之处，本书对敦煌吐鲁番出土发病书的探究共设研究篇和校录篇两部分。在校录篇中，对目前所掌握的包括敦煌吐鲁番出土发病书、于阗文占病文献、新发现的传世线装本发病书在内的全部资料进行校录整理，以方便学界参考和利用。在研究篇中，一方面对敦煌吐鲁番出土发病书进行系统的写本文献学研究，进一步解决这批文献的定名、断代、缀合等问题；另一方面，对敦煌吐鲁番出土发病书开展历史学

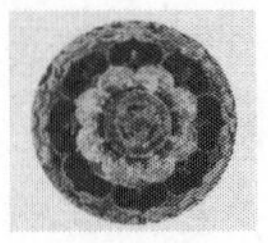

研究，重点利用敦煌吐鲁番出土发病书资料深入分析中古时代及敦煌社会的病因观念、医疗方法与禁忌、主要疾病与时疫、医者群体、医疗技术与族群对疾患的理解和应对方式，同时借助敦煌本发病书，对学界长期未能厘清的武威西夏墓葬部分彩绘木板画的性质与医史背景开展研究。本书不仅力求为学界提供经过整理的敦煌吐鲁番出土发病书资料，而且希望通过历史学的介入，进一步扩展敦煌吐鲁番出土术数文献的研究范围，努力实现文献学、历史学、医学以及图像学的跨学科对话与协作。由于笔者学力有限，书中的不足势必在所难免，恳请学界专家批评指正。

研　究　篇

敦煌吐鲁番出土《发病书》叙录

敦煌吐鲁番出土发病书就广义而言，是指敦煌吐鲁番文献中对年、月、日、时等各类时间段下得病者的病状、病因、治疗、禁忌等情况进行占卜的文本。符合广义发病书概念的敦煌吐鲁番文献，本书经过缀合校理之后，统计有十四件，主要包括：P.2856、S.6196V→S.6346V→羽 015 ノ三 V→P.2978V、P.4732V＋P.3402V、Дx.00506＋Дx.05924、P.3556V、S.P.6、Дx.01258＋Дx.01258V＋Дx.01259（＋Дx.04253V）＋Дx.01259V（＋Дx.04253）＋Дx.01289＋Дx.01289V＋Дx.02977 ＋ Дx.02977V ＋ Дx.06761 ＋ Дx.06761V ＋ Дx.03165V ＋ Дx.03165 ＋Дx.03829＋Дx.03829V＋Дx.03162＋Дx.03162V、S.1468、S.6216、Дx.05193、P.3081、P.T.55、Ch.468（T II D 287）、Ch.1617 背（T II T 3072），以上文献涵括了汉文、藏文两种语言形式。此外，和田出土的于阗文 Hedin17 号（A）《逐日身体不适推吉凶法》、笔者新近搜集到的线装本《张天师发病书》在本书中也一并加以介绍，以期进一步增进学界对中国古代发病书的整体了解。

一、P.2856《发病书》

此件首缺尾全，由多纸粘连而成，为敦煌本《发病书》各件写卷中最为完整者，尾题“咸通三年壬午岁五月写发病书记”。卷中各句起首部位常有朱笔点勘，存有：

（1）推人行年命算法（拟）。由年岁、男女之年立、各年龄的命算数、禁忌以及行年灾厄等事项构成；十六岁之前残缺，行文至七十八岁。如：“年五十八，男至癸亥，算，兵，土。女〔至〕乙亥，算尽，柱厄，溷。年五十九，男至甲子，算□□。女至甲戌，算始生，土。年六十，男立乙丑，算有二，溷。女立癸酉，算有二，土。”

（2）推年立法。以十二地支为序，对各行年中的禁忌、规避措施、疾病

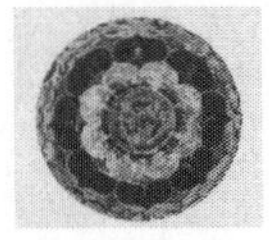

状况、病因等情况加以占卜。如："年立子，忌十一月五月，带此府（符）大吉。年立子黑色人衰，十一月□夜半时，五月午时，若其日时得病，十死一生，非其日时，不死。病者唯苦头痛，谈吐逆食不可下，胸胁疼痛，恍惚有时。祟在君、土公、丈人、司命、星死鬼，旦以大神食不净，病从南北因酒食中得，不死，子者，神后，天长女，主生人命，故知不死。病者忌五月十一月子午日。"每组占文之前附有所提之"符"。

（3）推得病日法。如"子日病者，不死者，神后，南斗之子，男轻女重，主生人命，故知不死。病者为人色黑，头痛，热，来去有时，脚沉重，五藏不通，心腹胀满，呕吐。祟在死鬼从外来，得之在舍，星死鬼、女子鬼。身疮盘，亦不产妇污秽。宅中有黄色男子从外东南来，惊动宅神。鬼字伯扶，亦名何伯，共害死鬼，去舍九十步。许怀神屋中。柏半火人遣送，辰日小差，午日大差，酉日忌。"其"日"以地支为序，占卜病者症状、病因病源、应对措施、康复周期等。与（2）"推年立法"不同的是，其应对措施使用的是代厄人形，而非符。

（4）卜初得病日鬼法。强调"卜男女初得病日鬼名是谁，若患状相当者，即作此鬼形，并书符厌之。并吞及着门户上，皆大吉。书符法，用朱沙闭气作之。"同样是按照十二地支的顺序，在各个"符"下，占卜各日得病者的吉凶，如"子日病者，鬼名天贼，四头一足而行，吐舌。使人四支不举，五脏不流，水肿大腹，半身不随（遂），令人暴死。以其形厌之，即吉。"看来，"卜初得病日鬼法"重点在于占卜致病鬼祟之"名"、"形"，以求"以其形厌之"。

（5）推得病时法。主要占卜十二时得病之情况，如"食时辰病者，从鬼（魁）病，何以言之，从魁住（主）人收病者不死。祟在丈人、庭中土公、使君，收鬼史（使）人魂魄欲送太山，未去。宜使艮上师解，五日小降，七日大愈。"此则占法将病因归结于六壬十二神，这是不同于前者的地方。《敦煌占卜文书与唐五代占卜研究》认为该占法以十二地支为序，不确，实是将"食时"等十二时与十二地支交互使用。

（6）推十二祇得病法。此则占法以十二建除为序占卜疾病。如"建日病者犯东方土公、丈人，索食，祀不了。有龙蛇为怪，家亲所为，解之大吉。七日差。"《敦煌占卜文书与唐五代占卜研究》将"推十二祇得病法"之"祇"

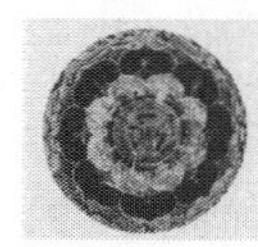

释作“祇”，误。

（7）推四方神头胁日得病法。

> 朱雀日，一日、八日、十六日、廿三日，病者司命为害，犯北君、外神、祖父母所作，谢之吉。
>
> 白虎头日，二日、九日、十七日、廿四日，病者不死，丈人所为，解之日降，七日大愈。
>
> 白虎胁日，三日、十日、十八日、廿五日，病者不死，丈人将他外鬼为祟，解，五日差。
>
> 白虎足日，四日、十一日、十九日、廿六日、卅日，病者，兄弟鬼所作，急解之吉。
>
> 青龙头日，五日、十二日、廿日、廿七日，病者不死，无后鬼所〔作〕，急解之，八日差。
>
> 青龙胁日，六日、十三日、廿一日、廿八日，病者不死，丈人时（将）地狱死鬼来，来欲得食，解之吉，八日差。
>
> 青龙足日，七日、十四日、廿二日、廿七（九）日，病者连流肿而脚寒热，祟在客死鬼，解之吉。

所谓“四方神头胁日”，是指朱雀日、白虎头日、白虎胁日、白虎足日、玄武日、青龙头日、青龙胁日、青龙足日等八组。从文义来看，P.2856《发病书》在“白虎足日”与“青龙头日”之间当脱一句占辞，所脱之占辞应是有关“玄武日”的。

（8）推五子日病法。该占法比较特殊，即以十二地支为序，每个地支与五个天干相配，构成五组干支，从而组成六十甲子日，前六个地支之上有“符”，其后均缺绘。所以此则占法意在言说六十甲子日的得病情况。如：“子日病者，以索系头，欲送太山，未去，吞此符。甲子日病者，至庚午差。星死鬼所作，求之吉。丙子日病，至庚辰差，〔一〕云庚申差，兵死鬼作。五道吉。戊子〔日〕病，庚寅差，一云甲午差。庚子病，至丙午日差，无后鬼所作，解之吉。壬子日病者，至己未差，客死鬼作，水解之吉。”

（9）推十干病法。按照甲乙日、丙丁日、戊己日、庚辛日、壬癸日为序占卜病者吉凶，如：“甲乙日病者，青色〔人〕凶，非其色吉。戊己日小重，

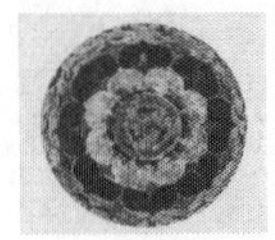

庚辛日小差，头宜西首，吉。”其卜辞与P.3556V《推十干》、S.P.6《乾符四年(877)具注历日》所载“推十干得病日法”略有差异，P.3556V言：

甲乙日病者，鬼姓起名天保，令人头疼，以十青纸身，呼名求之吉。丙丁日病者，鬼姓田名良，令人吐逆，以赤纸身，呼名求之差。戊己日病者，鬼姓冯名□言，令人恍惚，以黄纸身，呼名求之差。庚辛日病者，鬼姓名□□，令人心痛，以白纸身，呼名求之吉。壬癸日病者，鬼姓田名□□，令人狂，以黑纸身，呼名求之差。

S.P6作“甲乙病者，鬼起天宝东来，呼名，青纸解送即差，甲乙鬼形（笔者注：后绘一鬼）。……戊己日病，鬼名冯有言，书名黄纸钱财，送之便差，戊己日鬼形”。

（10）此件最后一部分无标题，《敦煌占卜文书与唐五代占卜研究》拟作“推十二支生人受命法”。占法之前言“游年所在立得病，产乳、官事官难，向其卦呼其神名，即殃祸自消”。故推知此则占法或为“游年所在立得病法”。

二、Дx.00506＋Дx.05924《推得病日法（拟）》

黄正建先生最早提出Дx.00506、Дx.05924两个卷号可以直接缀合，并定名为“推得病日法”[①]。缀合后的此件，首尾均缺，存16行文字，起“鬼字小光”，讫“□□人伐送及香火□□送之”，仅存辰日、巳日、午日、未日、申日等五组占文，其内容书写、卜辞文例与P.2856《发病书》之“推得病日法”均相近，以未日为例：

未日病者，小厄，未者天上憍女，主知人命，故知不死。其患者寒热，腰背痛，心中恍惚，狂言，大小便难，令人吐逆，好食生冷。祟在水神、司命、丈人、土公遣腥死鬼，男差女重，鬼字何光名公神，在辰地，吉（去）舍五十步，以糠米人香火代送。亥未日小除，丑日大差。忌卯日。（Дx.00506＋Дx.05924）

未日病者，小厄，未者小吉，天上乔女，主将人，故知病者困

① 参见黄正建：《关于〈俄藏敦煌文献〉第11至17册中占卜文书的缀合与定名等问题》，《敦煌研究》2002年第2期。

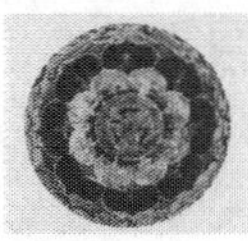

厄不死。寒热，腰背痛，心中恍惚，狂言，大小便难，令人吐逆，好食生冷吟。祟在水神、司命、丈人、土公遣星死鬼、客死鬼，男重女轻，鬼字阿公，亦字神公仲和，在人舍东辰地，去舍五十步，糠火米人代送差。亥日小差，丑日大差，忌卯。（P.2856《发病书》）

《俄藏敦煌文献》第六册将Дx.00506定名为《驱祟方》，不确。

三、Дx.05193《推得病日法（拟）》

此件最早由黄正建先生在《关于〈俄藏敦煌文献〉第11至17册中占卜文书的缀合与定名等问题》一文中揭出，为一残片，两面抄写，似原为册子装，正、背仅存四行文字，正面存“日，男重女轻□何以知之，午者”，背面存“吉，戌日小差，子□轻男重”。黄正建先生指出此件与P.2856《发病书》之“推得病日法”相近，其说可从。

四、S.6196V→S.6346V→羽015ノ三V→P.2978V《发病书》

此件由四个卷号缀合而成。许建平先生最早提出羽015ノ三V与S.6196V、S.6346V、P.2978V属于一卷之裂，其缀合顺序为S.6196V→S.6346V→羽015ノ三V→P.2978V[①]。缀合后的文书，正面为《毛诗》，背面起两幅厌禳图，讫“何以知”，存约159行。通篇未书具体篇目或标题，与P.2856《发病书》相比较，此件主要存有“推五行日得病法”、“推十二月得病法”、“推得病时法”、“推十二祇得病法”、“推四方神头胁日得病法”、“推年立法”等内容，但其书写顺序、卜辞内容均与P.2856《发病书》均不同。根据日本武田科学振兴财团出版《敦煌秘笈》影印册一刊布的羽015ノ三V图版，此件附有书“发病书一卷”的条形纸一张，或为原完整写卷之题签，如若不误，则此件原题即为“发病书”，当系有别于P.2856的另一版本《发病书》。

① 许建平:《杏雨书屋藏〈诗经〉残片三种校录及研究》,《庆祝饶宗颐先生九十五华诞敦煌学国际学术研讨会论文集》，北京：中华书局，2012年，第452—453页。

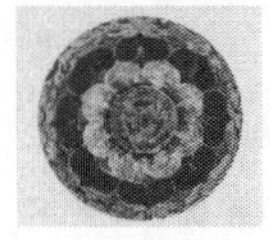

五、P.4732V＋P.3402V《发病书·推十干病法、推得病时法、推十二祇得病法、推五行日得病法（拟）》

此件由 P.4732V、P.3402V 两个卷号直接缀合而成，这一发现最早由许建平《敦煌经籍叙录》提出[①]。缀合后的文书，P.4732 为 P.3402 前部所缺，首缺尾全，无明确篇目标题。目前存有：

（1）推十干病法（拟）。如：

“戊己日病，□时病者，黄色者凶，非其时、色不死。祟在□人将客死鬼所作，□□□□酒食上得之。病者若心腹满、吐逆、短气、咽喉痛、□□病当见血，户门次来病之。取水去头九寸安之，宜黄衣，东首卧。”

（2）推得病时法（拟）。如：

卯时病者，男差女剧，天刚病之，赤色者凶，祟在东方治门户、发灶，又人祷，不葬鬼、四道逢悟为之。病者胸胁、心腹胀满痛，来去有时，土公。病者，不三日五日汗吉。在（再）有外绝后鬼不赛，急解谢之吉。

（3）推十二祇得病法（拟）。如“建日病者，头痛，心腹下利，烦满惊恐，祟在灶君，犯北方行年土，害死鬼、女子鬼所作，四道解之吉。”与 P.2856《发病书》的“推十二祇得病法”并不完全相同。

（4）推五行日得病法（拟）。此组占辞为 P.2856《发病书》所无，主要以金木水火土五行作为日期之标志，如“金日病者，男凶女吉，是白虎，故知男凶女吉。以火着病人头边吉。”并在占辞之上绘有两副“符”。

（5）推十二月得病法（拟）。此组占辞为 P.2856《发病书》所无，重点叙说十二月致病之鬼祟的所来方向，如“正月病者，鬼从南来”。其目的是要“右此十二月病者，知鬼来处，捉排栓，依方啄入地，厌之吉”。

（6）推年立法（拟）。此组占辞与 P.2856《发病书》之“推年立法”虽同样是以“年立”为纲，然占辞不同，且仅书“年立子”一组占辞，即“年立

① 参见许建平：《敦煌经籍叙录》，北京：中华书局，2006 年，第 358 页。

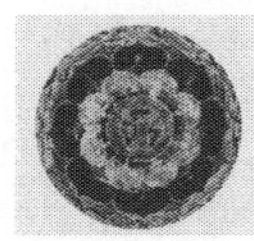

子，黑色人凶，忌五月十一月，忌子午时，忌子日时。以此日及时不得正南正北行，凶。勿得到丧家吊死问病。得病者十死一生，何以知之，建破临其年，故知十死一生。非其时日月，不死”。

另此件写卷正背面均有藏文题记，藏文题记与此件写卷的关系问题应引起学界足够重视。

此件与 S.6196V→S.6346V→羽 015 ノ三 V→P.2978V《发病书》很可能抄自同一底本。

六、P.3556V《推十干》

此件正背面抄有多则墓志铭，其中有“清泰三年（936）正月廿一日归义军节度留后转经舍施疏”、“显德六年（959）押衙曹保昇牒”。所以此件文书的抄写时间应在 10 世纪的曹氏归义军时期，或即显德六年此后不久。文书明确表明其书写为《推十干》，P.2856《发病书》作“推十干病法”、S.P.6《乾符四年（877）具注历日》作“推十干得病日法”，可见仅以天干为纲的发病占文就包括了三种之多。

七、S.P.6《推十干得病日法》

此件存于 S.P.6《乾符四年（877）具注历日》，敦煌文献中以十天干日为序记录疾病占法的写本除此件外，尚有 P.2856《发病书》、P.4732V＋P.3402V《推十干病法、推得病时法、推十二祇得病法、推五行日得病法》（拟）、P.3556V《推十干》，此件与 P.3556V《推十干》在文例上最为接近，均明确记录了十天干日致病的鬼名、病状以及救济之道，同时，P.2856、P.4732V＋P.3402V、P.3556V 均未绘制十天干日致病鬼形，而 S.P.6《乾符四年（877）具注历日·推十干得病日法》完整保存了甲乙鬼形、丙丁鬼形、戊己鬼形、壬癸鬼形、庚辛鬼形等五组鬼形，有助于学界更全面了解中古时期十天干发病占文的内容构成和厌禳礼仪。

或许出于 S.P.6《乾符四年（877）具注历日》属于具注历日性质的考虑，学界以往未将此件纳入到敦煌发病书范畴。本书认为 S.P.6《乾符四年（877）具注历日·推十干得病日法》与 P.2856《发病书》、P.4732V＋P.3402V《推十干病法、推得病时法、推十二祇得病法、推五行日得病法》（拟）、P.3556V《推十干》性质相同，内容间有重复，应在《发病书》范畴予以整理和研究。

八、S.6216《推初得病日鬼法等占法抄（拟）》

此件首尾均缺，起“六十六”，讫“急解即差，大吉”。主要存三部分内容：

一是男女年立法（拟）。以十二岁为差，先述年龄，次说男女年立所在之地支，如“年九，廿一，卅三，卌五，五十七，六十九，八十一，九十[三]，男立戌，女立子”。此件仅存七组，据文义推知完整占文应存十二组。该法最后提出“凡主年立辰、戌、丑、未者，皆是衰年”。此年立法与P.2856《发病书》中的“推年立法”不同，但和P.2856《发病书》之“推人行年命算法”相近，只不过后者强调各行年的命算数，而此件着重突出各年龄段的年立所在。

二是推初得病日鬼法（拟）。仅存子日、丑日两组占文，在两组占文中间位置，上绘一厌禳符，下画一鬼形。其中的“鬼形”与“[子]日病者，鬼名天贼，四头一足一如（而）行”的描述完全一致，因此该组画像应是对应于子日占文的。两组占文与P.2856《发病书》之“推初得病日鬼法”基本相近，尤其是子日、丑日致病鬼祟的名称均是“天贼”、“天刚”，但两者的厌禳符不同，同时P.2856《发病书》并无绘制出具体的鬼形。

三是有关病者症状、病源等卜辞，内容书写与P.2856《发病书》之“推得病日法”较为相近。

从内容构成来看，此件性质当属《发病书》，但与P.2856《发病书》的内容编排不尽相同。此件虽有残缺，且未见篇题，但学术价值不可轻忽。P.2856《发病书·推初得病日鬼法》曾记述“卜男女初得病日鬼名是谁，若患状相当者，即作此鬼形，并书符，厌之，并吞及着门户上，皆大吉”，即强调此则《推初得病日鬼法》实践操作所需的图形应有两类：“鬼形”与“符”，所谓“符”即是指各类的厌禳符。诚如前述，P.2856《发病书·推初得病日鬼法》只存有十二地支日的厌禳符，而未见“鬼形”。考查P.2856《发病书·推初得病日鬼法》图版，可以注意到在十二地支日的纸张上端尚留有大片空白，学界对这一现象此前未给予说明和重视。S.6216中“厌禳符”、“鬼形”的并存，则充分证实了P.2856《发病书·推初得病日鬼法》所谓“作此鬼形，并书符”的可

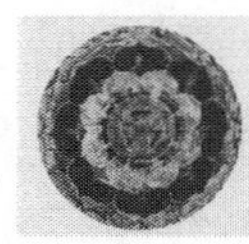

信性，亦由此可以推知，P.2856《发病书·推初得病日鬼法》纸张之空白处实是为绘制十二地支日对应“鬼形”而预留的。同时，这一现象也揭示了“厌禳符”与“鬼形”在中古中国医疗礼仪中被综合使用的历史事实，丰富了学界对古代中国厌禳礼俗的认识。

关于此件的定名问题，《敦煌遗书总目索引》、《敦煌遗书总目索引新编》拟名为《命书》；《敦煌占卜文献与社会生活》拟作《年立推病法》[①]；《敦煌占卜文书与唐五代占卜研究》（增订版）定名为《推初得病日鬼法（拟）等》[②]。本书将其定名为《推初得病日鬼法等占法抄》。

九、Дх.01258＋Дх.01258V＋Дх.01259（＋Дх.04253V）＋Дх.01259V（＋Дх.04253）＋Дх.01289＋Дх.01289V＋Дх.02977＋Дх.02977V＋Дх.06761＋Дх.06761V＋Дх.03165V＋Дх.03165＋Дх.03829＋Дх.03829V＋Дх.03162＋Дх.03162V《天牢鬼镜图并推得病日法》

此件由多个残片组成，原为一本较为完整的册子装，《俄藏敦煌文献》定名为《天穿鬼镜图并推得病日法》，不确，“穿”当作“牢”，“穿”为“牢”之俗写，《敦煌占卜文书与唐五代占卜研究》定名《天牢鬼镜图并推得病日法》为是。黄正建《关于〈俄藏敦煌文献〉第11至17册中占卜文书的缀合与定名等问题》提出Дх.01258＋01259＋01289＋02977＋03162＋03165＋03829可与Дх.6761可缀合，极具见地。王晶波《敦煌占卜文献与社会生活》再次拣出Дх.04253V、Дх.04253，并将其分别与本件之Дх.01259、Дх.01259V相缀合[③]，进一步推动了学界对此件文书的整体认识。《敦煌占卜文献与社会生活》同时认为Дх.05193、Дх.05193V可缀合在Дх.02977的下方，但黄正建先生此前曾指出Дх.05193、Дх.05193V的字体与此件不同[④]。与《敦煌占卜文献与社会生活》一书对此件的排列顺序不同，本书认为《天牢鬼镜图并推得病日法》各

① 王晶波：《敦煌占卜文献与社会生活》，兰州：甘肃教育出版社，2013年，第464页。

② 黄正建：《敦煌占卜文书与唐五代占卜研究》（增订版），北京：中国社会科学出版社，2014年，第189页。

③ 王晶波：《敦煌占卜文献与社会生活》，兰州：甘肃教育出版社，2013年，第462—463页。

④ 黄正建：《关于〈俄藏敦煌文献〉第11至17册中占卜文书的缀合与定名等问题》，《敦煌研究》2002年第2期，第49页。

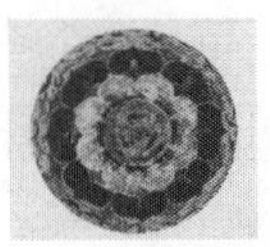

书叶的正确排列顺序应是：Дx.01258＋Дx.01258V＋Дx.01259＋Дx.04253V＋Дx.01259V＋Дx.04253＋Дx.01289＋Дx.01289V＋Дx.02977＋Дx.02977V＋Дx.06761＋Дx.06761V＋Дx.03165V＋Дx.03165＋Дx.03829＋Дx.03829V＋Дx.03162＋Дx.03162V。缀合后的文书相继抄录了天牢鬼镜图、推得病日法、推十二祇得病法（拟）、游年八卦宜忌诗（拟）等四部分内容。此件写本虽所存内容不多，但保留了其他文书未曾记录的“天牢鬼镜图”和“游年八卦宜忌诗（拟）”，丰富了学界对古代《发病书》书写构成的认识。从其册页装来判断，此件写本应系唐后期五代宋初归义军时期的作品。

十、S.1468《推十二时中得病日等占法抄（拟）》

写卷首尾均缺，所存内容包括两类书写，前一类即此件，后一类为《十二钱卜法》（拟）。此件首缺尾全，相继抄写如下四部分内容：

（1）推十二时中得病日（拟）。该部分以十二地支日为序，逐次记述各日病者的致病鬼祟、病状及应对方式。如：

> 亥日病，鬼姓刘，名伯子，七鬼，去舍八十步，有鹊巢为德，有干枯木黑鸟在上，不鸣。此是注煞病，欲连及仲子，鬼藏不出，黄昏时，欲有衣黄衣人从外来宿，可前之，鬼欲逐去，鬼在病人床西头大瓮中，鬼有啧，大鲤鱼也。又曰：亥日病，咽喉肿，气臭，体烦楚，此病是恶鬼、外星血鬼，是伯叔，年六十许，卌七许，二人平衣，是号刀外之食，昨夜惊犬，此引拾将病来。宜急遣之，大吉。

最后强调“已前十二时中得病日，推勘轻重，即知吉凶”。据此可知此件中的十二时，即是由地支表示的十二日。

（2）推十二时得病日厌病法（拟）。此组卜辞着重介绍如何对十二日得病者进行厌禳治疗，如“寅日得病者，须死人骨一枚，大豆三升，生铁十斤，取亥上土四升，作泥置申上，去舍七十步，亦七步，即差”。

（3）推十二时得病日男女轻重法（拟）。此组卜辞意在描述男女在十二日得病的病症轻重，如“子日病，女重男轻。丑日病，女重男轻”。

（4）月厌法（拟）。该组文字记述了十二月与十二地支不同的对应关系，

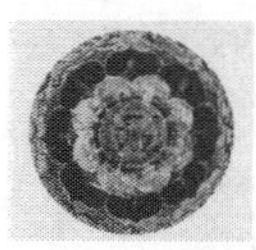

具体如下：

正月戌，二月酉，三月申，四月未，五月午，六月巳，七月辰，八月卯九月寅，十月丑，十一月子，十二月亥。

此种对应关系在古代术数文化中被称作“月厌”，清《协纪辨方书》卷四引《天宝历》：“月厌者，阴建之辰也。所理之方可以禳灾、祈福、避病，所值之日忌远行、归家、移徙、婚嫁。”又引《历例》：“月厌者，正月在戌，逆行十二辰。”①“月厌”曾是中古重要医疗技术——针灸的禁忌之一，唐孙思邈《备急千金要方》卷二十九“针灸”载：“月厌，戌酉申未午巳辰卯寅丑子亥，忌针灸”②。

关于此件的定名，《敦煌遗书总目索引》、《英藏敦煌文献》、《敦煌遗书总目索引新编》将此件均定名为《阴阳书》，《敦煌占卜文书与唐五代占卜研究》拟题为《推十二时得病轻重法》③，《英藏敦煌社会历史文献释录》第七卷根据王爱和博士学位论文《敦煌占卜文书研究》定名为《推初得病日鬼法》④，《敦煌占卜文献与社会生活》拟题为《推得病日鬼法及厌法》⑤。笔者按：《阴阳书》在古籍中时有记载，但未见完整传世者，唯有敦煌遗书中的 P.2534 题作《阴阳书》，此件首缺尾全，中间亦有部分残缺，存“冬择日第十一”、“立成法第十二”、“灭门大祸日立成法第十三”，尾题“阴阳书卷第十三葬事”，可知，丧葬择吉是古代《阴阳书》的书写构成之一。至于《阴阳书》是否包括了占病的内容，目前没有确凿证据能够表明这一点，故将 S.1468 定名为《阴阳书》，证据不足。鉴于 S.1468 所存四组占文均与占病或医疗禁忌有关，故 S.1468 属《发病书》一类应无疑义。但其内容与 P.2856《发病书》之“推初得病日鬼法”并不一致，试以“戌日病者”为例：

戌日病者，鬼姓清，名仲卿，十五鬼，石人家宅西北下崖孔中，如无崖即以三口一鬼在其处，去舍卅丈，为德思头，清目黄手，把

① 李零主编：《中国方术概观·选择卷》，北京：人民中国出版社，1993 年，第 186 页。
②（唐）孙思邈：《备急千金要方》，北京：人民卫生出版社，1955 年影印本，第 520 页。
③ 黄正建：《敦煌占卜文书与唐五代占卜研究》，北京：学苑出版社，2001 年，第 143—144 页。
④ 郝春文、赵贞：《英藏敦煌社会历史文献释录》第七卷，北京：社会科学文献出版社，2010 年，第 23 页。
⑤ 王晶波：《敦煌占卜文献与社会生活》，兰州：甘肃教育出版社，2013 年，第 466 页。

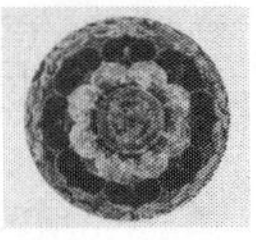

炎精火，常欲烧人屋舍。其鬼病人，欲染五家，此时是五病，令人妄语，其老禁人家亲，遣吉。又曰：病是内刀兵之鬼，居三年草中他□□来在门欲食，神又骑马者，人苦腰、背病□□□重心□恍惚，口干重，宜趁大吉。（S.1468）

戌日病者，鬼名石系，机眉生两翅，手持刀而逢人即斫人，病人腹满、耳聋、恶口，以其形厌之，即吉。（P.2856）

P.2856《发病书・推初得病日鬼法》行文较为简单，重点强调“以其形厌之”，S.1468 的占文相对显得更为详尽，且无绘制相应的“符”。所以将 S.1468 定名为《推初得病日鬼法》或《推得病日鬼法及厌法》同样不确。笔者按：S.1468 第 24 行所书“右已前十二时中得病日，推勘即知轻重”，已暗示此件第一部分的篇题似为“十二时中得病日”，同时，此件行文中常有“又曰”相关占文，表明此件抄录了类型与文例相近、但卜辞不同的多种占法，故笔者将此件定名为《推十二时中得病日等占法抄》。《英藏敦煌社会历史文献释录》第七卷整理了此件写本。

十一、P.3081《七曜日得病望、推人八卦游载所至厄法等占法抄（拟）》

此卷系卷轴装，正背面书写，首全尾缺。正面存多种七曜占法，其中第 23 至 29 行，首题“七曜日得病望”，以七曜日（蜜日、莫日、云汉日、嘀日、郁没斯日、那颉日、鸡换日）为序，逐一记述各日得病轻重、医疗建议及应对礼俗，如：

嘀日得病，微重，十四日内差，宜服黑药，正北求医及药吉，宜祭河伯将军、水神吉。

郁没斯日得病，轻，不足忧，须服青药，于正东求医药吉，宜求家亲先亡吉，宜求九子母吉。

那颉日得病，厄，为邪鬼所着，难差，宜白药吉。

鸡换日得病，虽重不死，宜取僧医及黄药吉，宜求本命灶君及北斗吉。

七曜系指日、月及水、金、火、土、木五大行星，共七天体，虽与中国

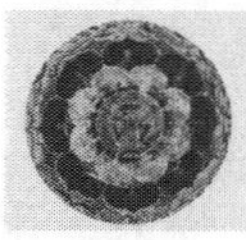

古代传统天文学中的“七政”所指相同，但却是一种由异域输入的天学，主要来源于印度，同时亦具有中亚色彩。《七曜日得病望》虽以域外的七曜纪日，但其行文风格及卜辞文例却与 P.2856《发病书》相近，尤其卜辞记述的医疗礼俗，多源自中国本土，如祭祀乞求的河伯将军、灶君、北斗等。所以，《七曜日得病望》是西域文明与中国本土礼俗在占病文本中相融合的产物，它的出现再次证明了中古社会民众日常生活中对疾病医疗的关注与重视。

此卷背面首全尾缺，起“推人病，先问时日定”，讫“时月日病，十死”，存约 66 行，逐次抄有推人八卦游载所至厄法、推人得病轻重法、推人元辰法、推病法、推人三丘五墓、推六煞、推月煞厌煞所在法等。以上书写多为其他敦煌本发病书所未载。黄正建先生根据卷中“年”均写作“载”，推断此件为唐玄宗天宝时期作品①。

十二、P.T.55《十二因缘占卜·寿元品》(古藏文)

P.T.55 现存 208 行，系古藏文写本，观该卷图版②，前残尾似完整，中间靠后部分附有一图，图前后文笔走势大体一致，因此全卷应为一人所写。就内容而言，写卷大致可分为三部分，第 1—180 行为《十二因缘占卜书》，181—189 行是佛教词汇，190—208 行为《解梦书》③。1971 年法国学者 A.麦克唐纳夫人（Macdonald）率先揭示了 P.T.55 与佛教文献《十二缘生祥瑞经》的关系问题④。国内学者黄维忠、格桑央京随后对 P.T.55 第 1—180 行的内容进行汉文翻译，并与《十二缘生祥瑞经》作了比较研究⑤。该卷第一部分第 19—32 行，起篇题“寿元品”，讫“祈求阴卓鬼讫”。此“寿元品”以佛教十二缘起即无明、行、识、

① 黄正建：《敦煌占卜文书与唐五代占卜研究》（增订版），北京：中国社会科学出版社，2014 年，第 129 页。

② 图版参见西北民族大学、上海古籍出版社、法国国家图书馆编纂：《法国国家图书馆藏敦煌藏文文献》（2），上海：上海古籍出版社，2006 年，第 92—98 页。

③ 郑炳林：《敦煌写本解梦书校录研究》，北京：民族出版社，2005 年，第 89、300—302 页。

④ Macdonald，Une Lecture des P.T.1286,1287,1038,1047 et 1290.In *Etudes Tibétaines*.Paris:Adrien Maisonneuve,1971,p.284. 本文最初以论文形式刊载于 1971 年巴黎美洲和东方书店为纪念拉露小姐八十诞辰而出版的《藏学论文集》，后经耿昇翻译、王尧校，以《敦煌吐蕃历史文书考释》为名于 1991 年由青海人民出版社出版。

⑤ 黄维忠：《P.T.55 号〈十二支缘生〉初探》，《贤者新宴》第 2 辑，北京：北京出版社，1998 年，第 211—215 页。格桑央京：《敦煌藏文写卷 P.T.55 号译释》，《藏学研究》第 9 辑，北京：民族出版社，1998 年，第 248—271 页。

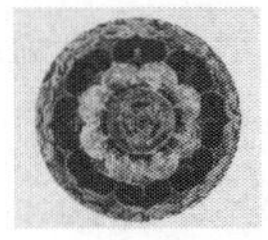

名色、六入、触、受、爱、取、有、生、老死为序，逐次记述十二缘起日得病的病因及应对方式、病愈情况等。如：

> 无明日得病，有半月之阴卓鬼难，若护持五日，便能解脱。
>
> 行支日得病，于第三日或七日有阴卓鬼难，若护持三日，便能解脱。
>
> 识支日得病，于第五日或八日有阴卓鬼难，若护持七日，便能解脱。
>
> 名色支日得病，于第三日或五日之昼夜有阴卓鬼猖獗，若护持三日，抑或死，抑或免死。

此件与敦煌汉文本《发病书》在占文文例方面基本相同，两者的差异主要表现在以下几方面：一是时间单位不同，此件是以十二缘起日抑或说来自印度历法中的“白月”、“黑月”为周期[①]，敦煌汉文本《发病书》则主要以年、日、时等作为时间单位；二是致病之源不同，此件普遍认为“阴卓鬼”是主要的病因，而敦煌汉文本《发病书》的病因观则更为多元丰富；三是救济方式不同，此件主要建议以佛教护持的方式进行救治，敦煌汉文本《发病书》记载的救济方式主要为符咒呼名、五行相厌、人形代厄等。敦煌藏文本P.T.55《十二因缘占卜·寿元品》的内容书写与敦煌汉文本《发病书》虽有差异，但其文本性质、占文文例却具有典型的《发病书》特征。

P.T.55《十二因缘占卜书》所据底本无疑是《十二缘生祥瑞经》，该经在《大正新修大藏经》中题“西天译经三藏朝散大夫试鸿胪少卿传法大师臣施护奉诏译”，施护本为北天竺僧人，受封“朝散大夫试鸿胪少卿”的时间，据《宋史·太宗本纪》记载为雍熙二年（985）十月，那么《十二缘生祥瑞经》的译出当在雍熙二年十月之后。不过需要注意的是，施护到宋廷之前曾滞留于敦煌数月。《宋会要辑稿》介绍：“（雍熙）二年（985），帝览所译经，诏宰相曰，译经辞义圆好，天息灾等三人及此地数僧，皆深通梵学，得翻传之体，遂诏天息灾、法天、施护并朝散大夫试鸿胪少卿，又诏译经月给酥、酪、钱有差。法贤年十二依本国密林寺达声明学，从父兄施护亦出家，法贤语之曰，古圣

① 郑炳林、黄维忠主编：《敦煌吐蕃文献选辑·文化卷》，北京：民族出版社，2011年，第131页。

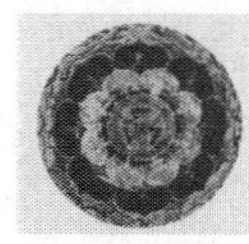

贤师皆译梵从华而作佛事。即相与从北天竺国诣中国，至燉煌，其王固留不遣数月，因弃锡杖瓶盂，惟持梵夹以至，仍号明教大师。……雍熙四年诏改名法贤，累加试光禄卿朝奉大夫。”[①]又载“（太平兴国）五年北天竺迦湿弥罗国僧天息灾，乌填国僧施护至京，诏赐紫衣。”[②]志磐《佛祖统纪》卷第四十三更详细地记载：“（太平兴国）五年正月……二月北天竺迦湿弥罗国三藏天息灾，乌填曩国三藏施护来，召见赐紫衣。”因此施护途径敦煌的时间应在太平兴国五年（980）二月之前，唯有如此才能在时间上合理地解释《宋史·外国传》所言“太平兴国七年（982），益州僧光远至自天竺，以其王没徙曩表来上，上令天竺僧施护译”之事。虽然曹氏归义军政权多次向宋廷乞经，但在敦煌佛经中，目前尚未发现有《十二缘生祥瑞经》，加之施护与法贤离开敦煌时惟持梵夹，因此笔者认为P.T.55《十二因缘占卜书》或是曹氏归义军时期寓居敦煌的吐蕃文化精英在施护滞留敦煌时依其经文译写而成，但或因时间短促，故与汉译经文略有出入，其抄写时间大致在太平兴国四年（979）或其后不久。

十三、Ch.468（T II D 287）《推五子日病法、反支法等占法抄（拟）》

此件系吐鲁番出土写卷，现藏德国国家图书馆。现标明正面的一面前后均缺，存约6行文字，其中第3、4行句首用朱笔标点。其释文如下：

（前缺）

1 魄在离，来去鬼剪射病人背

2 西北师治之，服黄药吉。

3 壬申日病，至戊戌日廿七日差

4 甲申日病，至戊子五日差，兵

5 □□年反支法：左行十二辰□

6 女年廿九，反支□

（后缺）

《吐鲁番文书总目·欧美收藏卷》认为此件内容与敦煌写本P.2856《发病

① （清）徐松辑：《宋会要辑稿》，北京：中华书局，1957年，第7891—7892页。

② （清）徐松辑：《宋会要辑稿》，北京：中华书局，1957年，第7890页。

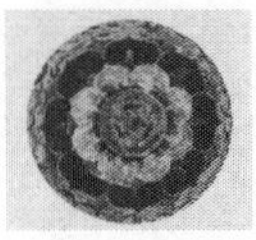

书·推十干病法》略同，并定名为《发病书》[①]。笔者按：P.2856《发病书·推十干病法》主要以十天干中的每两个天干为一组展开书写，文例简单，如“庚辛日病，白色人凶，非其色吉。甲乙日小重，丙丁日小差，头宜南首，吉”。此件与《推十干病法》明显不同。此件1至4行书写文例其实更接近P.2856《发病书》中的《推五子日病法》，以“申日病者”为例：“申日病者，以鬼箭射着人要胯，〔不〕死，吞此符。丙申日病，至辛丑日差，一云子日，土公、丈人。戊申日病，至甲午日差，女详鬼，解之吉。庚申日病，至庚午日差，祟在星死鬼，解之吉。壬申日病者，至庚午日差。甲申日病至。”第5行有篇题“□□年反支法”，“反支”是古代时日禁忌习俗中的一种，在P.2856《发病书》中未见，但也不排除系古代《发病书》中的一部分。基于此，笔者将此件定名为《推五子日病法、反支法等占法抄》。

现标明背面的一面为《唐西州籍》，池田温先生判定约抄写于8世纪前[②]。笔者认为《唐西州籍》或实为文书正面，《推五子日病法、反支法等占法抄》当抄写于《唐西州籍》的背面，如若不误，则《推五子日病法、反支法等占法抄》应晚于《唐西州籍》，抑或为8世纪作品。

十四、Ch.1617背（T II T 3072）《发病书（拟）》

此件系吐鲁番出土写卷，现藏德国国家图书馆。写卷正面首尾均缺，《吐鲁番文书总目·欧美收藏卷》定名为《李老君周易十二钱卜法》[③]，存6行文字，释文如下：

（前缺）

1 ▨失物，难得，为物入地中▨

2 ▨事，口舌起，得人扶接之事▨

3 ▨来还，归魂在，及故居，官▨

4 ▨女，田蚕少收，所求及财未得，市易▨

5 ▨婚嫁，凶。占孕，生女。占梦，长女▨

① 荣新江主编：《吐鲁番文书总目·欧美收藏卷》，武汉：武汉大学出版社，2007年，第38页。

② ［日］池田温：《中国古代籍帐研究》，龚泽铣译，北京：中华书局，2007年，第113页。

③ 荣新江主编：《吐鲁番文书总目·欧美收藏卷》，武汉：武汉大学出版社，2007年，第134页。

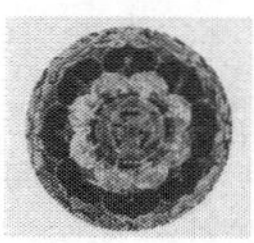

6 ▨婚风角。

（后缺）

背面即此件，首尾均缺，存 3 行文字，释文如下：

（前缺）

1 ▨失夫痔病，妇人带下漏，血星鬼为之▨

2 ▨俱病，病者祟在血星鬼伏爻□飞▨

3 ▨□净也，是守常改安净▨

（后缺）

《吐鲁番文书总目•欧美收藏卷》认为此件抄写内容与 S.1468《推十二时中得病日等占法抄》近似。笔者按：因所存内容较少，目前尚无证据能够证明此件与 S.1468 有写本学关系，但其书写文例的确具有鲜明的发病书特点，其中“血星鬼”应即是敦煌本《发病书》中常见的“星死鬼”。虽然马继兴先生将此件定性为医方书略显证据不足[①]，但此件在医史领域的学术价值确应值得关注和挖掘。

十五、于阗文 Hedin17 号（A）《逐日身体不适推吉凶法》

此件写卷为赫定等人在和田的收集品，贝利（H.W.Bailey）在 20 世纪 60 年代刊布了释文[②]，刘文锁先生近年对此件写卷的定名、年代等问题做了进一步研究[③]。此件存“第七日”至“第十五日”等九组卜辞，每组卜辞包括每日患病的身体部位、发病症状、残障情况及寿命数等内容，如：

第七日，其肠子不适。凡彼处疼痛且发烫之人，尚能活命〔两〕年，并死去。

第八日，其肝脏不适。凡彼处疼痛且发烫之人，呕吐并死去。

第九日，其膝盖、肋、股不适。凡彼处疼痛且发烫之人，尚可

① 马继兴：《当前世界各地收藏的中国出土卷子本古医药文献备考》，《敦煌吐鲁番研究》第 6 卷，北京：北京大学出版社，2002 年，第 159 页。

② H.W.Bailey, *Khotanese Texts IV, Saka Text from Khotan in the Hedin Collection*, Cambridge University Press, 1961, pp.109-110.

③ 刘文锁：《于阗文占卜文书》，樊锦诗、荣新江、林世田主编：《敦煌文献・考古・艺术综合研究》，北京：中华书局，2011 年，第 319—320 页。

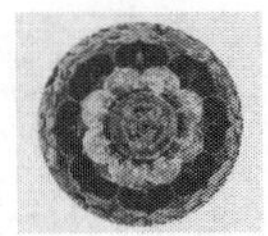

活八日。

其卜辞文例与敦煌本《发病书》较为相符，故笔者认为此件主要以占卜疾病为主旨，其性质应属《发病书》，抄写于此件之后的 Hedin17 号（B）《推逐日宜忌法》（拟题）尾题“Agnivesa Semdu 为众生之健康及改善命写此卷”似可进一步佐证上述判断。刘文锁业已观察到此件《逐日身体不适推吉凶法》与随后的 Hedin17 号（B）《推逐日宜忌法》一样，均是以十五日为占卜周期，故提出自十六日至三十日的后半月或不在择日范围内。笔者认为这一判断或需修正，因为如果占卜周期是以十五日为终结的话，后半月的卜辞自然就不必重复书写，而在古代亚洲确实存在以十五日为周期的计时单位，即古印度历法中的“白月”、“黑月”。唐不空译、杨景风注《文殊师利菩萨及诸仙所说吉凶时日善恶宿曜经》之《宿曜历经序黑白月分品第六》载“凡月有黑白两分从，一日至十五日为白月分，从十六日至三十日为黑分。”前揭敦煌古藏文 P.T.55《十二因缘占卜·寿元品》计时单位虽冠以十二缘起日，但实际仍是以“白月”、“黑月”为基础的，只不过彼此存在一定的技术转换而已①。所以，于阗文 Hedin17 号（A）《逐日身体不适推吉凶法》与 P.T.55《十二因缘占卜·寿元品》均属于以印度历法“白月”、“黑月”为时间单位的少数民族语言发病书。

关于于阗文 Hedin17 号（A）《逐日身体不适推吉凶法》的年代问题，刘文锁先生研究认为属于公元 8 世纪前后的作品。

十六、《张天师发病书》

《张天师发病书》是笔者于 2016 年 3 月从江苏省徐州市沛县谢姓女士处搜集到的线装手抄本。

该书宽 15.5 厘米，高 22 厘米，书头、书根及书口多有磨损残缺，书皮题写书名“张天师发病书”，除书皮、书背外，中间存有书叶 4 张，每叶正背面均抄写文字，各书叶画有上边栏，第一叶边栏下绘有两行边准，边栏与边准均为蓝色。边栏上面横书一日至三十日的得病时间，如“一日病”、“二日病”等，边栏下方竖写各日得病对应的卜辞，每叶存四组卜辞，因以三十日为周

① 郑炳林、黄维忠主编：《敦煌吐蕃文献选辑·文化卷》，北京：民族出版社，2011 年，第 131 页。

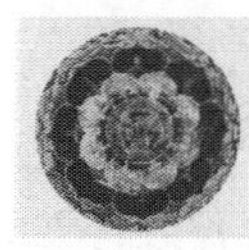

期，故最后一叶仅存两组卜辞。

《张天师发病书》具体占文起“一日病：东南上客死鬼作病。头病身无力，食无味。黄钱五张，东南送三十步，大吉利”，讫“三十日病：东北上，山神使男子鬼作病，头疼、脑疼，不思饮食。黄小钱五张，西北方四十步送之，大利”。三十组占文均包括了发病时间、病因、病状、厌禳仪式等书写，其文例与敦煌本《发病书》完全一致，尤其是有关厌禳仪式的书写与 S.P.6《推十干得病日法》近乎无异，如后者亦有“戊己日病〔者〕，鬼名冯有言，书名黄纸钱财，送至便差”的同类卜辞。从线状书的装式来看，《张天师发病书》的抄写时间不会太早，或为明清以后的作品。

《张天师发病书》是目前所知除敦煌吐鲁番出土发病书写卷之外唯一一件传世本《发病书》，它的发现具有极为重要的学术意义。

综合以上，敦煌吐鲁番出土十四件发病书文本以及于阗文《逐日身体不适推吉凶法》、传世本《张天师发病书》共同展示了唐宋至明清以来中国古代《发病书》复杂多元的历史样貌。以上文献除《张天师发病书》外虽多为残卷，鲜能组成完本，但 P.2856《发病书》中仍保存了“推年立法”、“推得病日法”、“卜初得病日鬼法”、“推得病时法”、“推十二祇得病法”、“推四方神头胁日得病法”、“推五子日病法”、“推十干病法”等八则篇目，为学界深入了解中国古代发病书的篇章构成与内容书写提供了极为珍贵的资料。同时以上资料的发现，就地域而言，说明《发病书》不仅流行于中原和敦煌，在更为偏远的吐鲁番、和田等地区也曾流行；就时间而言，吐鲁番出土的 8 世纪《发病书》、敦煌藏经洞出土的 9 世纪《发病书》以及明清以后的《张天师发病书》弥补了唐宋至明清《发病书》史料链条的缺失环节；就族群而言，古藏文、于阗文占病文献的存在，表明占病风俗不仅存在于中古汉族社会，古代藏族及西域等地区亦有着同样的救济诉求和生命礼俗。

敦煌写本发病书《天牢鬼镜图并推得病日法》的再研究

一、俄藏敦煌文献《天牢鬼镜图并推得病日法》研究概述

《俄藏敦煌文献》第八册曾刊布了由 Дx.01258、Дx.01259、Дx.01289、Дx.02977、Дx.03162、Дx.03165、Дx.03829 等七个编号的残卷构成的一组文书图版，定名为《天穻鬼镜图并推得病日法》[①]。黄正建先生最早指出此组文书系册子装形式，准确判定其性质为《发病书》，并依据文书卷首题名将此组文书正确定名为《天牢鬼镜图并推得病日法》[②]，同时将检出的《俄藏敦煌文献》第十三册所收 Дx.6761 号残卷与此组文书进行了缀合[③]。近来，王晶波《敦煌占卜文献与社会生活》一书再次检出《俄藏敦煌文献》第十一册所收 Дx.04253V、Дx.04253 号文书，分别与上组文书之 Дx.01259、Дx.01259V 开展了缀合工作[④]，进一步推动了学界对此组文书的整体认识。

所谓《发病书》，根据敦煌文献来看，是指对年、月、日、时等不同时间段下得病者的病状、病因、治疗、禁忌、痊愈等情况进行占卜的一类特殊术数书。《唐六典》曾介绍"发病"为唐代"阴阳杂占"之一，然公私书目均未

① 俄罗斯科学院东方研究所圣彼得堡分所、俄罗斯科学出版社东方文学部、上海古籍出版社编：《俄藏敦煌文献》第 8 册，上海古籍出版社、俄罗斯科学出版社东方文学部，1997 年，第 38—41 页。

② 黄正建：《敦煌占卜文书与唐五代占卜研究》，北京：学苑出版社，2001 年，第 142、143、216 页。笔者按：写卷中"穻"实为"牢"之俗写，故《敦煌占卜文书与唐五代占卜研究》定名《天牢鬼镜图并推得病日法》为是。

③ 黄正建：《关于〈俄藏敦煌文献〉第 11 至 17 册中占卜文书的缀合与定名等问题》，《敦煌研究》2002 年第 2 期，第 49 页。

④ 王晶波：《敦煌占卜文献与社会生活》，兰州：甘肃教育出版社，2013 年，第 462—463 页。《敦煌占卜文献与社会生活》同时认为 Дx.05193、Дx.05193V 可缀合在 Дx.02977 的下方，但此前黄正建《关于〈俄藏敦煌文献〉第 11 至 17 册中占卜文书的缀合与定名等问题》一文曾指出 Дx.05193、Дx.05193V 的字体与此件不同。笔者按 Дx.05193、Дx.05193V 从内容上看确可与 Дx.02977 相衔接，但鉴于残存内容较少，现有图版不够清晰，因此 Дx.05193、Дx.05193V 是否系 Дx.02977 之残片的问题暂存疑，有待核查原卷。

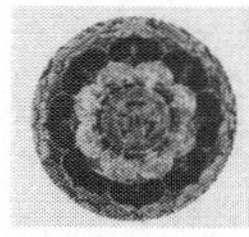

见载此类专书，因此敦煌《发病书》的发现，具有重要而多元的学术意义。俄藏敦煌文献《天牢鬼镜图并推得病日法》刊布以来，学界前贤已解决了此组文书的性质、定名及缀合问题，应予充分肯定。但由于部分书叶在《俄藏敦煌文献》图版中排布错乱等原因，故目前关于此组文书的研究可商者也不在少数，如文书书叶的排列顺序、撰写者及年代学等问题均未彻底解决，因此有必要对此组文书再做进一步探究。

二、《天牢鬼镜图并推得病日法》的写本学研究

《天牢鬼镜图并推得病日法》图版在《俄藏敦煌文献》第八册中由七个编号组成，每个编号涵括了两组图版，除第一组情况尚不明了外，其余各组多为一纸的两面。为便于研究，笔者统一将每面书写用各组编号的正背面来表示。在这一前提下，《敦煌占卜文献与社会生活》一书对《天牢鬼镜图并推得病日法》各书叶的排列顺序为：Дx.01258＋Дx.01258V＋Дx.03165V＋Дx.03165＋Дx.03829＋Дx.03829V＋Дx.01259＋Дx.04253V＋Дx.01259V＋Дx.04253＋Дx.01289＋Дx.01289V＋Дx.02977＋Дx.02977V＋Дx.06761＋Дx.06761V＋Дx.03162＋Дx.03162V[①]。笔者认为Дx.01258＋Дx.01258V与Дx.03162＋Дx.03162V分别位于卷首和卷尾应无异议，但Дx.03165V＋Дx.03165＋Дx.03829＋Дx.03829V与Дx.01259＋Дx.04253V＋Дx.01259V＋Дx.04253＋Дx.01289＋Дx.01289V＋Дx.02977＋Дx.02977V＋Дx.06761＋Дx.06761V 两者的前后顺序应互换为是。

首先，《俄藏敦煌文献》第八册图版对 Дx.03165 正、背面的放置是错乱的。因为此组文书是册子装，因此，如果目前写有“推得病日法”以及“建日”、“除日”、“满日”等三组占文的书叶（Дx.03165）是正面的话，那么被《俄藏敦煌文献》定为背面的有关“亥日病者”占文的一面（Дx.03165V），在占辞文例上则显然不能与所谓的“正面”相衔接，因为前者是以建除十二日为序、后者是以十二地支日为序。因此，有关“亥日病者”的一叶为实在前，而“建日”、“除日”、“满日”等三组占文应为此叶背面，紧随其后，即 Дx.03165V＋

① 这里未将尚不能确定是否为《天牢鬼镜图并推得病日法》残片的Дx.05193、Дx.05193V统计在内。

Дx.03165是正确的书叶排布顺序，《俄藏敦煌文献》误将两者位置前后颠倒。在这一前提下，据此可推知在《天牢鬼镜图并推得病日法》原书中，以“亥日”等十二地支日为序的占文实应位处以“建日”等十二建除日为序的占文之前。

其次，既然以十二地支日为序的占文在前，那么抄写十二地支日最后一日“亥日”占文的Дx.03165V自然应排列在Дx.06761V之后。一则此组文书中所谓以十二地支日为序的占文实与P.2856《发病书》之“推得病日法”性质相同，Дx.06761＋Дx.06761V存有“申日病者”、“酉日病者”、“戌日病者”之占文，Дx.03165V所存“亥日病者”的占文在文例上正可与前者相衔接；二则就卜辞而言，Дx.06761V最后三行书“戌日病者，大困，何以知之，天魁，天上北君，注收人命文案，故知大困。病者头痛、腰背上气。祟”，Дx.03165V前两行抄“在天神北君，求谢之吉。寅日小降，辰日大差，生死在子日，女轻男重”。P.2856《发病书•推得病日法》同条卜辞为“戌日病者，大重，天魁，天上北斗长史，主收人命，故知病大。头目，腰背，胸胁满涨，咽喉不利，短气吐逆，四支重，乍寒乍热。祟在天神北君、家亲丈人遣星死鬼，断后鬼为祟，鬼字叔止，女止在人舍南九十步，或九十步，以脂饼十番，水二杯，糠火送之。寅日小差，辰日大差，生死忌午，男差女剧”。可推知，Дx.06761V末行行尾之“祟”字与Дx.03165V首行行首之“在天神北君”，应是前后相继、恰如完璧的同一条卜辞。故Дx.06761V与Дx.03165V的排列顺序实际应是Дx.06761V＋Дx.03165V，而Дx.01259至Дx.03165V残叶所存占文当均属“推得病日法”。

再则，《天牢鬼镜图并推得病日法》中以建除十二日为序的占文与P.2856《发病书》之“推十二祇得病法”几乎完全一致，后者所谓“十二祇”正是指“十二建除”，清《钦定协纪辨方书》卷四即把“建除”称作“建除十二神”。在P.2856《发病书》中，“推得病日法”同样被排在了“推十二祇得病法”之前，彼此之间还夹存有“推初得病日鬼法”、“推得病时法”两则篇目。

基于以上理由，笔者认为《天牢鬼镜图并推得病日法》各书叶的正确排列顺序应是：Дx.01258＋Дx.01258V＋Дx.01259＋Дx.04253V＋Дx.01259V＋Дx.04253＋Дx.01289＋Дx.01289V＋Дx.02977＋Дx.02977V＋Дx.06761＋

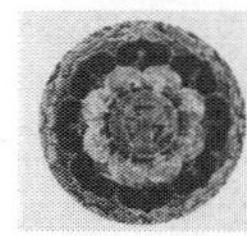

Дx.06761V＋Дx.03165V＋Дx.03165＋Дx.03829＋Дx.03829V＋Дx.03162＋Дx.03162V。缀合后的文书相继抄录了天牢鬼镜图、推得病日法、推十二祇得病法（拟）、游年八卦宜忌诗（拟）等四部分内容。学界此前之所以认为“推十二祇得病法（拟）”在前、“推得病日法”在后，可能是与Дx.03165在“建日”、“除日”、“满日”等三组占文之前写有“推得病日法”有关。笔者认为“推得病日法”诸字写在此件文书十二地支日占病卜辞与十二建除日占病卜辞之间，或许出于两种情况：一是抄写者将“推得病日法”作为前文即十二地支日占病卜辞的标题写在了占文之后，二是抄写者误把“推十二祇得病法”写成了“推得病日法”，其中前一种的可能性较大。

三、关于《天牢鬼镜图并推得病日法》的撰者及年代学问题

《天牢鬼镜图并推得病日法》的首页（Дx.01258）标题之后书“张师天撰”，该则题记未能引起学界足够关注。无论是史志著录的术数书还是敦煌遗书中的术数写本，多伪托先贤圣人之名以神其书，如《新集周公解梦书》、《李老君周易十二钱卜法》、《孔子马头卜法》、《黄帝宅经》等，甚至敦煌古藏文本IOL Tib J 742《十二钱卜法》亦托名“神子孔子制定”[①]，此类现象在历史上可谓俯拾皆是。然《天牢鬼镜图并推得病日法》的撰者“张师天”于史无名。笔者认为文书中的“张师天”应为“张天师”之笔误。

东汉张道陵创五斗米道，自称太上老君亲授其《太平洞极经》、《太玄经》、《五斗经》、《正一经》各若干卷，张道陵传授于后裔及其门徒，其所创之道派亦称为“天师道”、“正一道”，主要奉持《正一经》，崇拜鬼神，画符念咒、驱鬼降妖、祈福禳灾等。张道陵及其后裔、门徒被尊为“天师”，可以说“张天师”在东汉以降的古代中国有着广泛的社会影响力，《宋史•艺文志》曾著录有“张天师《石金记》一卷”。《淮南子•修务训》言“世俗之人，多尊古而贱今，故为道者必托之于神农、黄帝而后能入说”。《天牢鬼镜图并推得病日法》的实际创编者将该书托名于“张天师撰”自然有助于提高其影响力和可信性。

---

① 陈践：《敦煌藏文ch.9.Ⅱ.68号“金钱神课判词”解读》，《兰州大学学报》2007年第3期，第1—9页。

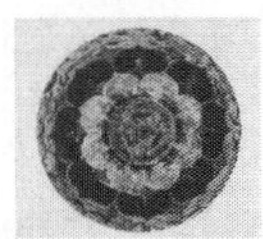

更为重要的是，在传世文献中确实存有题作“张天师”的《发病书》。笔者于2016年春季从江苏徐州沛县搜集到一本线装书，该书护页书签位置明确题写“张天师发病书”诸字[①]。《张天师发病书》的发现具有极其重要的学术意义。由于史志著录中没有以占病为名的著作，所以学界此前对《发病书》在古代中国的存在和流行多存怀疑态度。黄正建提出：“一是这类占病书是不能登大雅之堂的，所以不被著录；二是这类占病书是某种杂抄书中的一部分，而不是专书。”[②]王晶波同意黄正建的后一种观点，即《发病书》并非是专门的书籍[③]。刘永明先生更是认为敦煌写本《发病书》“并非从中原传入的发病占术文献，而是由敦煌地区文化水平不高的宗教术士所改造和辑录的民间宗教文献，是归义军前期敦煌编书活动中层次较低一种作品”[④]。《张天师发病书》的发现不仅解决了《发病书》确是一类专门书籍的问题，而且有力证实了《发病书》在中国社会的普遍流行和长期存在，更说明了敦煌藏经洞以及吐鲁番地区发现的多件《发病书》残卷绝非敦煌一地或西北地区所特有，而是《发病书》在古代中国普遍流行背景下的一种区域性再现。同时，《张天师发病书》的出现也从一个侧面证实了笔者的观点，即俄藏敦煌文献《天牢鬼镜图并推得病日法》中的“张师天”应为“张天师”。

此外，《天牢鬼镜图并推得病日法》的最后一部分“游年八卦宜忌诗（拟）”以“诗”的形式书写求师疗病等宜忌，卜辞主要依据的是游年八卦，涉及五鬼、绝命、祸害、天医等，目前所知以上专称较早记录于晋宋间的《虾蟆经》[⑤]。

综合以上，笔者认为《天牢鬼镜图并推得病日法》的成书时间应在东汉以后，约创制于南北朝时期；从其册页装来看，此件写本应抄写于唐后期五代宋初归义军时期。

---

① 陈于柱：《徐州沛县新发现的〈张天师发病书〉研究》（待刊文）。
② 黄正建：《敦煌占卜文书与唐五代占卜研究》，北京：中国社会科学出版社，2014年，第129页。
③ 王晶波：《敦煌占卜文献与社会生活》，兰州：甘肃教育出版社，2013年，第469页。
④ 刘永明：《敦煌道教的世俗化之路——敦煌〈发病书〉研究》，《敦煌学辑刊》2006年第1期，第83页。
⑤［日］丹波康赖撰，高文铸等校注研究：《医心方》，北京：华夏出版社，1996年，第736页。

日本杏雨书屋藏敦煌本《发病书》残卷整理与研究

2009 年日本武田科学振兴财团出版《敦煌秘笈》影印册一，其中刊布有日本杏雨书屋藏李盛铎旧藏敦煌文献中的数件《毛诗》残片，编号分别为羽 015 ／一、羽 015 ／二、羽 015 ／三，《李氏鉴藏敦煌写本目录》原题《毛诗（三纸）》[①]，这一定名其实主要针对残卷正面内容而言。其中羽 15 ／三背面，《敦煌秘笈》拟名《占病书》。刘永明先生于 2010 年着重从道教史视角初步考察了羽 015 ／三背面内容，并准确地将其定性为《发病书》[②]。2012 年，许建平先生全面校理了羽 015 ／三正、背面书写，尤其为解决羽 15 ／三背与两件英藏敦煌文献、一件法藏敦煌文献的缀合问题作出了重要贡献[③]。但既有研究未能将羽 15 ／三 V 与敦煌诸件《发病书》作出整体比勘与综合考察，因此对此件残卷仍有进一步整理和研究的必要。

许建平先生业已依据行款、笔迹指出羽 015 ／三 V 与 S.6196V、S.6346V、P.2978V 属于同一文书的四个残卷，其缀合顺序为 S.6196V＋？＋S.6346V＋？＋羽 015 ／三 V＋？＋P.2978V。但学界仍对羽 015 ／三 V 与其他三件写本是否同出一卷存有疑虑。本文重点从卜辞文例等写本学方面对该问题作进一步论证。

羽 015 ／三 V 首尾均缺，背面仅存的七行文字下半截亦缺[④]，起“兵死鬼所作”，讫“胸胁痛”。残卷第四行云“年立在丑，青色人苦”，据文义可推前

① 商务印书馆编：《敦煌遗书总目索引》，北京：中华书局，1983 年，第 318 页。

② 刘永明：《日本杏雨书屋藏敦煌道教及相关文献研读札记》，《敦煌学辑刊》2010 年 3 期，第 75—76 页。

③ 许建平：《杏雨书屋藏〈诗经〉残片三种校录及研究》，《庆祝饶宗颐先生九十五华诞敦煌学国际学术研讨会论文集》，北京：中华书局，2012 年，第 452—453 页。

④ 许建平先生认为有八行文字，笔者按羽 15 ／三背第八行文字仅存右边部分笔画，目前尚未能够释读，故本书统计为七行文字。

三行应为“年立子”的相关卜文。敦煌写卷中属于《发病书》类的文本最为完整者当推 P.2856，该卷不仅保存了明确标明“发病书”的尾题[①]，而且还相继记有“推年立法”、“推得病日法”、“推初得病日鬼法”、“推得病时法”、“推十二祇得病法”、“推四方神头胁日得病法”、“推五子日得病法”、“推十干病法”等篇目及相关内容。羽 015 ノ三 V 与 P.2856《发病书》“推年立法”在内容上较为相近[②]，据此可以确定羽 015 ノ三 V 所存内容当属《发病书》中的《推年立法》。

P.2978 背，《敦煌遗书总目索引》、《敦煌遗书总目索引新编》定名《星占书残文》，《法藏敦煌西域文献》定名《占书》，均不确[③]；《敦煌宝藏》命名《占病书》[④]；黄正建拟名《推年立法》[⑤]。较之 P.2856《发病书》，本件与其中《推年立法》同类，故当属《发病书》中的《推年立法》部分。P.2978 首尾均缺，背面存七十行，起“满□气□”、讫“何以知”，以十二地支为序，依次书写各个“年立”中的禁忌、得病者的死亡概率、病者的疾病症状、病因、应对措施等，写卷保存了卯、辰、巳、午、未、申六组，“年立酉”后部残缺，卯之前的“年立寅”前部残缺。而羽 015 ノ三 V 正是 P.2978 背卷首所断裂的残片之一，即“年立子”与“年立丑”两组占辞。两者相较，除笔迹相同外，内容与文例书写亦完全一致，例如作为每组起始的禁忌部分，P.2978 背在“年立”之后先述五色之人苦，次说需加禁忌的月、日、时以及日常行为；羽 015 ノ三 V 以同样文例展开书写，尤其是“年立在丑，青色人苦”之类言语，敦煌文献中唯有羽 015 ノ三 V 与 P.2978V 普遍使用“某色人苦”的说辞，其余写卷或言“青色人衰”（P.2856）、或言“黑色人凶”（P.3402V）。再则，两者正面均抄写《毛诗》，P.2978 存《毛诗》卷第十二至第十四，始“小

① P.2856 尾题“咸通三年壬午岁五月写发病书记”。图版参上海古籍出版社、法国国家图书馆编：《法藏敦煌西域文献》第 19 卷，上海：上海古籍出版社，2001 年，第 135—141 页。

② 如 P.2856《发病书》载：“年立丑，人忌六月十二月，带此府（符）大吉。年立丑，青色人衰，十二月丑日、六月未日，若其日时得病，十死一生，非其日时不死。病者惟苦头痛、胸胁满、短气、寒热有时、饮食不下、身唤、咽喉干、四支烦疼。祟在天神，社公，及土公，光许，司命，兵死鬼，无舌手鬼。急解吉。忌丑未日。”

③ 商务印书馆编：《敦煌遗书总目索引》，北京：中华书局，1983 年，第 277 页。敦煌研究院编：《敦煌遗书总目索引新编》，北京：中华书局，2000 年，第 263 页。上海古籍出版社、法国国家图书馆编：《法藏敦煌西域文献》第 20 卷，上海：上海古籍出版社，2002 年，第 305—307 页。

④ 黄永武主编：《敦煌宝藏》，台北：新文丰出版公司，1985 年，第 503 页。

⑤ 黄正建：《敦煌占卜文书与唐五代占卜研究》，北京：学苑出版社，2001 年，第 216 页。

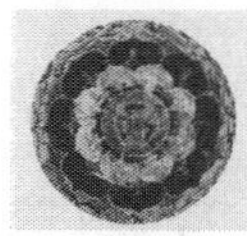

旻”至“瞻彼洛矣”[①]，卷十四相继包括“瞻彼洛矣”、“裳裳者华”、“桑扈”、“鸳鸯”、“頍弁”、“车舝”，羽015ノ三正面则为“桑扈”，与P.2978所间隔的“裳裳者华”，应是目前尚未发现的本件《发病书》“年立寅”部分的正面书写。

S.6346背，《敦煌遗书总目索引》、《敦煌遗书总目索引新编》、《英藏敦煌文献》分别对其定名为《阴阳书》、《占卜书》、《推吉凶书》，均不确[②]；黄正建拟名为《推得病时法等》。本件首尾均缺，背面存六十二行，起“日汙（愈）吉”、讫“□解之”，主要记述了十二时、十二建除、四方神（朱雀、白虎、青龙、玄武）头胁日等三种时间段中的得病情况，内容书写大致可分别对应P.2856《发病书》中的“推得病时法”、“推十二衹得病法”、“推四方神头胁日得病法”三个篇目。该件与羽015ノ三、P.2978正背面的笔迹均完全相同。S.6346《毛诗》保存了卷第十六之“棫朴”、“旱麓”、“思齐”、“皇矣”、“灵台”、“下武”、“文王有声”，卷第十七之“生民”、“行苇”、“既醉”、“凫鹥”、“假乐”、“公刘”，那么S.6346正面当续接于羽015正面之后，中间缺《毛诗》卷十五；而背面则应位处于羽015ノ三背面之前，中间所缺内容暂不详。

S.6196V背，首尾均缺，起两幅厌禳图，讫“死鬼”，主要保存两种占病书写，一是以五行日为序，如“土日病者，男凶女吉，土是☐男凶女吉，以土着病（？）头”；一是以十二月为序，如“三月病者，鬼从南方来。四月病者，鬼从西南来”。同类内容亦见于P.4732V＋P.3402V。关于此件定名，《敦煌遗书总目索引》、《敦煌遗书总目索引新编》定名为“阴阳书”，《英藏敦煌文献》定名为《推吉凶书》，均不确。《敦煌占卜文书与唐五代占卜研究》将此件所存两项内容分别拟名为“推五行日得病法”和“推十二月病厌鬼法”，该定名为《杏雨书屋藏〈诗经〉残片三种校录及研究》一文所沿用。笔者按，以上两项内容均未见于P.2856《发病书》，第一项定名笔者较为认同，第二项仅记述各得病之月鬼来的方向，并无如何厌禳的言辞，故笔者认为拟名为“推十二月得病法”或更为妥当。关于此件正面情况及与S.6346、S.3330为同一

① 潘重规：《敦煌诗经卷子之研究》，郑学蒙、郑炳林主编：《中国敦煌学百年文库·文献卷》，兰州：甘肃文化出版社，1999年，第432—422页。

② 商务印书馆编：《敦煌遗书总目索引》，北京：中华书局，1983年，第240页。敦煌研究院编：《敦煌遗书总目索引新编》，北京：中华书局，2000年，第2197页。中国社会科学院历史研究所、中国敦煌吐鲁番学会敦煌古文献编辑委员会、英国国家图书馆、伦敦大学亚非学院合编：《英藏敦煌文献》第11卷，成都：四川人民出版社，1994年，第22—24页。

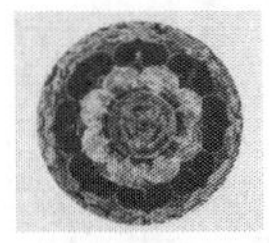

写卷的论证，许建平先生亦有详细考订[①]，在此不赘。笔者这里所要补充的是，此件除字迹与前面三件相同外，相对于正面《毛诗》[②]，这四件写卷的背面都是自正面卷尾处开抄，且与正面书写保持同一方向。

综合以上，羽 015 与 P.2978、S.6346、S.6196 虽然不能直接缀合，但同属一卷殆无疑义，其背面《发病书》残卷的排列顺序为 S.6196V→S.6346V→羽 015 ／三 V→P.2978V，只不过彼此间略有缺损。缀合后的写卷，起两幅厌禳图，讫“何以知”，存约159行。《敦煌占卜文献与社会生活》虽然注意到了羽 015 ／三 V→P.2978V、S.6196V→S.6346V 可以分别缀合[③]，但没能意识到以上四件文书实系一卷之裂。

相对于 P.2856《发病书》，S.6196V→S.6346V→羽 015 ／三 V→P.2978V 的文本特点较为鲜明。就编排体例而言，写卷通篇未见具体篇目或标题，而 P.2856 明确记载了包括“推年立法”、“推得病日法”、“推初得病日鬼法”、“推得病时法”、“推十二祇得病法”、“推四方神头胁日得病法”、“推五子日得病法”、“推十干病法”在内的八个篇目。从结构顺序来看，S.6196V→S.6346V→羽 015 ／三 V→P.2978V 主要按照“推五行日得病法”、“推十二月得病法”、“推得病时法”、“推十二祇得病法”、“推四方神头胁日得病法”、“推年立法”相关书写逐次展开，有异于 P.2856 将“推年立法”置于前面的做法。此类现象在诸件敦煌本《发病书》中较为普遍，如 P.4732 背＋P.3402 背即以“推十干病法”、“推得病时法”、“推十二祇得病法”、“推五行日得病法”的顺序来加以编排的。这说明不同时间段下的“推得病法”各自比较独立，因而能够被当时人们按照不同序列和实际需要予以重新编纂。

S.6196V→S.6346V→羽 015 ／三 V→P.2978V 在内容上虽可对应于 P.2856《发病书》具体篇目，但两者的占辞书写却差异较大。首先是卜辞文例不同，以“推十二祇得病法”为例，P.2856 行文简洁，基本以时间——病因——应对措施——病愈预期为序，如“破日病者，犯土家、灶、土公，丈人欲得饮食，遣死鬼为祟。急解送，五日差”。S.6196V→S.6346V→羽 015 ／三 V→P.2978V

① 许建平：《敦煌经籍叙录》，北京：中华书局，2006 年，第 149—153 页。

② 刊布 S.6346、S.6196 图版的《英藏敦煌文献》第 11 卷与《英藏敦煌文献》第 10 卷均标注《毛诗》为反面，恐有误。

③ 王晶波：《敦煌占卜文献与社会生活》，兰州：甘肃教育出版社，2013 年，第 458—462 页。

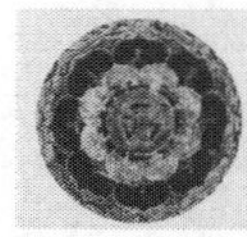

则作："破日病者，心腹胀满、头目痛、腰背手足烦疼。祟在北君咒诅、兵、墓、土〔公〕。男吉女凶。解谢之吉。"明显增加了有关病症的描述。其次占辞内容相异，如两件文本对"推四方神头胁日得病法"的具体规定就迥然不同，P.2856 的朱雀日为"月一日、八日、十六日、廿三日"、白虎胁日为"二日、九日、十七日、廿四日"，而 S.6196V→S.6346V→羽 015 ノ三 V→P.2978V 的朱雀日、白虎胁日则分别是"月一日、九日、十七日、廿五日"、"月二日、十日、十八日、廿六日"。前者以七日为时间差，后者则以八日为时间差，区别甚是明显。此外，P.2856 中的"推年立法"在每组年立行文之前均绘制若干符箓，这也是 S.6196V→S.6346V→羽 015 ノ三 V→P.2978V 所不具的。

关于 S.6196V→S.6346V→羽 015 ノ三 V→P.2978V 的定名问题，羽 015 ノ三 V 是关键线索，此件附有条形纸一张，书有"发病书一卷"，字迹虽与正文不同，但或为原完整写卷之题签。

S.6196V→S.6346V→羽 015 ノ三 V→P.2978V《发病书》似为卷轴装，从文字的书法水平以及行文不避"旦"、"治"等唐讳来看，此卷的抄写时代大致在晚唐五代宋初的归义军时期。又，与以上四件同属一卷的 S.3330 背面，抄有"乾宁四年石和满状"，乾宁四年为 897 年，鉴于 S.3330 背位处 S.6196V→S.6346V→羽 015 ノ三 V→P.2978V 之后，故卷中《发病书》的抄写时间应不晚于乾宁四年。

概而言之，S.6196V→S.6346V→羽 015 ノ三 V→P.2978V《发病书》当是有别于 P.2856 的另一版本《发病书》，两者应抄自不同底本。相对于 P.2856 有朱笔点校、较为精良而言，S.6196V→S.6346V→羽 015 ノ三 V→P.2978V 则错讹、夺字现象频出，不过从写卷天头与地脚磨损甚多可窥，该件《发病书》的利用频率较高，表明在晚唐敦煌，不仅流行着多个版本的《发病书》，而且《发病书》在该地区的使用也较为频繁、受众颇广。

敦煌写本 P.4732V＋P.3402V《发病书》缀合研究

一、P.4732V＋P.3402V 的缀合与文本性质

法藏敦煌文献 P.4732 首尾均缺，正面起“也上季路问”，迄“仍旧贯”；P.3402 首缺尾全，正面起“能事”，讫“论语卷第六”，尾题“二月十三日教书郎云麾将军金紫光禄大夫殿中监张嘉望题”，后有硬笔书写“论语卷第六”。学界业已指出 P.4732 是 P.3402 前 6 行残缺之上截，两件可以拼合，正面存《论语集解》之《先进》、《颜渊》两篇[①]，但对背面文字的缀合问题尚未厘清和充分论证。

背面文字与正面反方向抄写，故 P.4732 背当系 P.3402 背卷首部位的下半截。P.3402V 首缺尾全，起“病□□”，迄“非其时、日、月不死”，占文并未抄完，前 9 行的下半截残缺，笔迹与正面不同，卷尾处有藏文题记。P.4732V 首尾均缺，起“解谢之吉”，迄“病人大急”，存7行文字。两件写卷背面文字笔迹完全一致。笔者按：P.4732V 第 1 行仅书“解谢之吉”四字，此句应承接于 P.3402V 第 2 行文字“衣，病□▭卧□水▭”之后，因为 P.3402V 第 3 行首句为“戊己日病”，据全卷文义和文例，前一行的尾句当是有关“丙丁日病”如何转危为安的书写，如 P.3402V 第 11 行“壬癸日病者”的尾句即为“宜急解之吉”。如此，P.4732V 第 2、3、4、5、6、7 行自然也就对应衔接于 P.3402V 第 3、4、5、6、7、8 行的下部，而且均能直接缀合，恰如完璧，如 P.3402V 第 7 行“庚辛日，晡时病者，白色者凶”，正与 P.4732V 第 6 行“非其时、色不死。祟〔在〕〔北〕君”相缀合，因为衔接后的文字完全符合此组占文“某色者凶，非其时、色不死”的文例表达[②]。

---

① 许建平：《敦煌经籍叙录》，北京：中华书局，2006 年，第 358 页。

② 关于 P.4732V＋P.3402V 缀合后的完整释文，参见陈于柱、张福慧：《敦煌写本 P.4732V＋P.3402V〈发病书〉缀合、释录与研究》，载《2015 敦煌论坛：敦煌与中外关系国际学术研讨会暨中国敦煌吐鲁番学会会员代表大会论文集》，敦煌，2015 年。

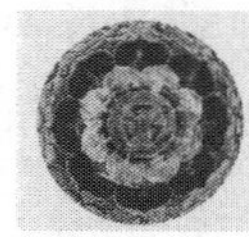

黄正建《敦煌占卜文书与唐五代占卜研究》虽未收录 P.4732 和注意到两个卷号的缀合情况，但曾明确指出 P.3402V 与 P.2856《发病书》属于同一性质的文本[①]。敦煌本《发病书》写卷中最为完整者当推 P.2856，该卷不仅保存了明确标明“发病书”的尾题[②]，而且还相继记有“推年立法”、“推得病日法”、“推初得病日鬼法”、“推得病时法”、“推十二祇得病法”、“推四方神头胁日得病法”、“推五子日得病法”、“推十干病法”等篇目及相关内容。P.4732V+P.3402V 在性质上虽与 P.2856《发病书》相同，但无论是篇目构成还是文例内容，两者仍有不少差异。

二、P.4732V+P.3402V 的文本特点与定名

与 P.2856《发病书》相比较，P.4732V+P.3402V 通篇无篇题，所存内容比照 P.2856 大致有如下几组：

（1）以十天干为序，书写得病吉凶情况。如“戊己日病，□时病者，黄色者凶，非其时、色不死。祟在□人将客死鬼来呼，□□□为酒食上得之。病者若心腹满、吐逆、短气、咽喉痛、□□病当见血，户门次来病之”。类似书写亦见于 P.2856、P.3556V、S.P.6《乾符四年（877）具注历日》，分别被题作“推十干病法”、“推十干”、“推十干得病日法”，同组占文 P.2856 作“戊己日病者，黄色人凶，非其色吉。壬癸日重，甲乙日小差，头宜东首，吉”。P.3556V《推十干》作“戊己日病者，鬼姓冯名□言，令人恍惚，以黄纸身，呼名求之差”。S.P.6 作“戊己日病，鬼名冯有言，书名黄纸钱财，送之便差，戊己日鬼形”。比较而言，P.4732V+P.3402V 比 P.2856、P.3556V、S.P.6《乾符四年（877）具注历日》多出了有关病因、病状的书写。

（2）以十二时为序，占卜疾病。如“卯时病者，男差女剧，天刚病之，赤色者凶，祟在东方治门户、发灶，又人祷，不葬鬼、四道逢悮为之。病者胸胁、心腹胀满痛，来去有时，土公病者，不三日五日汙（愈）吉。在（再）有外绝后鬼不赛，急解谢之吉”。此类内容在 P.2856《发病书》中被题作“推

① 黄正建：《敦煌占卜文书与唐五代占卜研究》（增订版），北京：中国社会科学出版社，2014 年，第 124 页。

② P.2856 尾题“咸通三年壬午岁五月写发病书记”。图版参见上海古籍出版社、法国国家图书馆编：《法藏敦煌西域文献》第 19 卷，上海：上海古籍出版社，2001 年，第 135—141 页。

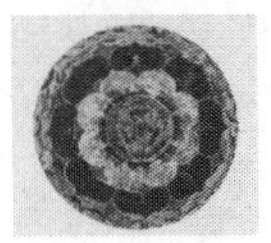

得病时法”，但两者占辞差异较大，如同组占文后者作“日出卯时病者，男轻女重，天魁，病者不死。何以言之，天魁者王之使，病者胸胁痛，吐逆，治门井，使不葬，收人魂，鬼送天庭未去，宜使兑上师解，五日小降，十日大愈”。

（3）以十二建除为序，占卜疾病。如“建日病者，头痛，心腹下利，烦满惊恐，祟在灶君，犯北方行年土，害死鬼、女子鬼所作，四道解之吉”。此类占文在P.2856《发病书》被题作“推十二祇得病法”，与此件书写亦不一致，以同组占文为例，P.2856作“建日病者，犯东方土公、丈人，索食，祀不了。有龙蛇为怪，家亲所为，解之大吉。七日差”。两者对病因的解释并不相同。

（4）推五行日得病法（拟）。此组占辞为P.2856《发病书》所无，主要以金木水火土五行作为日期之标志，如“金日病者，男凶女吉，是白虎，故知男凶女吉。以火着病人头边吉”。并在占辞之上绘有两副“符”。

（5）推各月得病法（拟）。此组占辞为P.2856《发病书》所无，重点叙说十二个月及闰月致病之鬼祟的所来方向，如“正月病者，鬼从南来”，其目的是要“右此十二月病者，知鬼来处，捉排栓，依方啄入地，厌之吉”。

（6）推年立法（拟）。此组占辞与P.2856《发病书》之“推年立法”虽同样是以“年立”为纲，然占辞不同，且仅书“年立子”一组占辞。

综合来看，P.4732V＋P.3402V与P.2856《发病书》的文本差异主要表现在各组占文编排顺序不同、同类卜辞文例不同、书写内容不同等三个方面，所以两件写卷应源自不同底本。笔者发现S.6196V→S.6346V→羽015ノ三V→P.2978V《发病书》与P.4732V＋P.3402V似有着共同的文本来源。前者由分藏于英国国家图书馆、日本杏雨书屋、法国国家图书馆的多件残卷缀合而成，此件同样通篇未见具体篇目或标题，所存占文主要按照“推得病时法（拟）”、“推十二祇得病法（拟）”、“推四方神头胁日得病法（拟）”、“推年立法（拟）”相关书写逐次展开。P.4732V＋P.3402V除未记录“推四方神头胁日得病法”外，其余各组占文书写在文例、卜辞等方面与S.6196V→S.6346V→羽015ノ三V→P.2978V《发病书》均有着高度的一致性，尤其是两者的讹误、脱文夺字现象也大多一致，如P.4732V＋P.3402V载“酉时病者，男差女剧。天罡病之，恐困。何以言之，天魁（罡）者，天上狱吏，故知困也”，其中“魁”根据文义

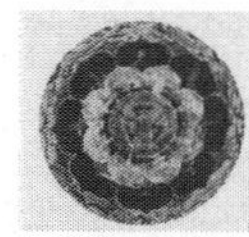

当系“罡”之误写，S.6196V→S.6346V→羽 015 ノ三 V→P.2978V《发病书》同句亦然；再如 P.4732V＋P.3402V 载“戌时病者，男重女轻。〔太〕冲病之，不死”,“太冲”之“太”字原脱，S.6196V→S.6346V→羽 015 ノ三 V→ P.2978V《发病书》同句也将该字夺去。所以笔者认为 P.4732V＋P.3402V 与 S.6196V→S.6346V→羽 015 ノ三 V→P.2978V《发病书》很可能抄自同一底本。羽 015V 原件附有题签《发病书一卷》，这是确定 S.6196V→S.6346V→羽 015 ノ三 V→P.2978V 定名的重要依据之一，据此 P.4732V＋P.3402V 亦可定名为《发病书》，只不过 P.4732V＋P.3402V、S.6196V→S.6346V→羽 015 ノ三 V→P.2978V 与 P.2856 分属于两种不同类别的《发病书》。

三、P.4732V＋P.3402V《发病书》年代学考察

潘重规先生最早注意到 P.3402 正面文字间夹有藏文“stagvi lo 虎年”纪年，并认为此卷系吐蕃人的读本①。李正宇先生云：“本件编号 P.3402，原件为盛唐时《论语》抄本，经过多年使用，已经残破不全，无法继续使用，吐蕃统治时期成为废纸，利用背面抄抄写写。在原抄本卷尾余白处有人用硬笔续写‘论语卷第六’五字。……背面《吉凶禁忌书》，笔迹与‘论语卷第六’五字同，抄写者当为同一人，亦吐蕃统治时期（781—848）硬笔书写。”②池田温先生则认为 P.3402 是 9 世纪后期写本③。

笔者按：P.4732＋P.3402 正、背面的藏文书写是判断此件抄写时代的关键。诚如前述，写卷背面卷末处书写一行藏文，文字笔迹与正面藏文笔迹相同，经陈践践先生教示，其拉丁转写与汉译文为：

ban vde（de） hing an dang ban vde（de） hywa dar dang cung lag ten li kun dar

僧人恒安、僧人慧达和钟腊田、李君达

敦煌文献中目前所知称作“恒安”的僧人只有一位——居住敦煌的粟特人唐通信之从弟、沙州灵图寺僧人恒安。三井八郎右卫门藏《瑜伽师地论卷廿

① 潘重规：《简谈几个敦煌写本儒家经典》,《孔孟月刊》第 25 卷第 12 期，1986 年，第 2 页。
② 李正宇：《敦煌古代硬笔书法》,《中国文化大学中文学报》1993 年第 1 期，第 7—8 页。
③［日］池田温：《中国古代写本识语集录》，东京：东京大学东洋文化研究所，1990 年，第 446 页。

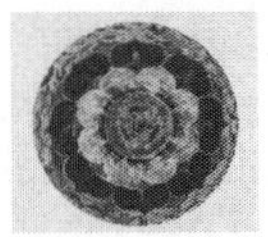

二》、大谷旧藏《瑜伽师地论卷廿三》、S.5309《瑜伽师地论卷三十》依次记载了唐大中十年（856）十月至大中十一年（857）六月间比丘恒安以法成弟子身份听讲《瑜伽师地论》的笔记[①]，这是敦煌汉文写卷中有关恒安的最早记录。法藏敦煌文献 P.4660 有题“沙州释门法师恒安书”的敦煌名人、名僧邈真赞多则，其题记最早为咸通八年（867）、最晚为中和三年（883）[②]。S.6405 系恒安答谢司空张议潮的状文，文中恒安自称“生自边土，智乏老诚（成）”，可知在张议潮执掌归义军、称司空时期（861—867）[③]，恒安年事已高。所以敦煌汉文文献中的恒安，主要活跃在唐大中十年（856）至中和三年（883）的张氏归义军时代。P.4732V＋P.3402V《发病书》的汉文笔迹与上述恒安的墨迹极为相近，如“门”、“公”、“者”、“收”、“刚”、“安”等字，只是前者的文笔走势较为稚嫩而已，所以笔者认为 P.4732V＋P.3402V《发病书》极有可能就是恒安所抄。

就目前材料来看，归义军时代敦煌的纪年方式主要有年号纪年和干支纪年，而在吐蕃统治时期的敦煌藏文写卷中则普遍以生肖纪年为主[④]，故 P.4732＋P.3402 正面“虎年”的藏文书写，笔者认为应为吐蕃统治时期的某一虎年。在吐蕃统治敦煌的半个多世纪中，虎年出现有丙寅年（786）、戊寅年（798）、庚寅年（810）、壬寅年（822）、甲寅年（834）、丙寅年（846）等六次，考虑到恒安在张议潮时期业已年高，所以 P.4732＋P.3402 之“虎年”最有可能为吐蕃统治敦煌时期甲寅年（834）与丙寅年（846）中的某一年，也就是说，P.4732V＋P.3402V《发病书》的抄写年代即在甲寅年（834）或丙寅年（846）。

四、P.4732V＋P.3402V《发病书》学术价值刍议

学界此前普遍认为最早的敦煌本《发病书》是抄写于咸通三年（862）的

① 三井八郎右卫门藏《瑜伽师地论卷廿二》题记：“大中十年十月廿三日，比丘恒安随听写记。”大谷旧藏《瑜伽师地论卷廿三》题记：“大中十年十一月廿四日，苾蒭曷恒安随听抄记。”S.5309《瑜伽师地论卷三十》题记：“比丘恒安随听论本。大唐大中十一年岁次丁丑六月廿二日，国大德三藏法师沙门法成于沙州开元寺说毕记。”参见荣新江：《辨伪与存真——敦煌学论集》，上海：上海古籍出版社，2010 年，第 91 页—100 页。

② 郑炳林：《敦煌碑铭赞辑释》，兰州：甘肃教育出版社，1992 年，第 115 页。

③ 荣新江：《归义军史研究——唐宋时代敦煌历史考索》，上海：上海古籍出版社，1996 年，第 71 页。

④ 王尧、陈践编著：《敦煌吐蕃文书论文集》，成都：四川人民出版社，1988 年，第 21—32 页。

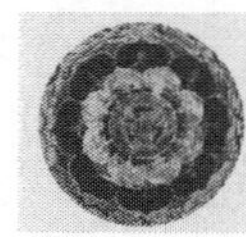

P.2856《发病书》，P.4732V＋P.3402V 年代学的确定，可将《发病书》在敦煌地区的流行时间进一步推进到吐蕃统治时期的 9 世纪 30 年代或 40 年代，故 P.4732V＋P.3402V 成为目前所知敦煌地区时代最早的《发病书》。同时，P.4732V 与P.3402V 的缀合，为学界研究敦煌本《发病书》增添了新的素材，此件与 P.2856《发病书》在敦煌地区的共存，表明唐代流行的《发病书》至少有两种或两种以上。

疾病史、医疗史是中古史研究的重要课题，近年来学界对唐代的疾病与医疗状况进行了深入研究，但始终未能充分利用敦煌写本《发病书》，这是有些非常优秀的著作存在美中不足的原因之一。而敦煌写本《发病书》作为当时流行的实用书籍，蕴含着极为丰富的疾病史、医疗史、社会史信息，可以补充学界对唐代主要流行疾病、病因观念、医疗手段与宜忌实况的进一步了解。仅以疾病史为例，于赓哲先生总结威胁唐五代时期人们健康的主要疾病有传染病、心脑血管疾病、消化系统疾病、泌尿系统疾病、难产及围产期疾病、皮肤化脓性疾病、新陈代谢疾病等七类[①]。而在敦煌本《发病书》中还经常记载医史界此前未曾注意到的与精神有关的疾病，如 P.2856《发病书》多次描述时人“人狂癫，四支沉乱，不别亲疏”，无疑精神性疾病亦是威胁唐人健康的主要病种之一，不应被遗漏和忽视。因此，敦煌本《发病书》对于研究中古中国及敦煌地区的疾病、医疗与社会民俗，有着弥足珍贵的学术价值，值得关注和深入研究。

① 于赓哲：《唐代疾病、医疗史初探》，北京：中国社会科学出版社，2011 年，第 19—20 页。

再论敦煌写本《发病书》中的“代人”

一、问题的提出

笔者曾对敦煌写本《发病书》中出现的“代人”进行过分析和研究，认为“人形代厄”是中古社会治疗疾病的一种救济方法。根据《发病书》记述，此类医疗手法是把柏木、蜡、面、米、麻、蒲、土等各种不同的材质做成人形，也即所谓“代人”，然后将其送到《发病书》占断出的致病鬼魅所在位置，或同时配以相应仪式，如酒脯祭祀、施咒，等等，从而用“代人”来替代病人疾患，以期病者获得痊愈。近来有学者对敦煌《发病书》中的“代人”性质问题提出了新的认识，认为敦煌《发病书》中的“代人”是指“代替作祟致病之鬼”或者说是“鬼祟的替代者”①。故目前学界关于敦煌《发病书》中“代人”的认识就存在了两种观点——病人的替代者和鬼祟的替代者，换句话说，“代人”究竟是指“人”还是指“鬼”成为了当下争论的中心和亟待解决的问题。为进一步推动敦煌写本《发病书》的研究，笔者认为对这一问题有必要再作探究和落实。敬请方家指正。

二、敦煌《发病书》有关“代人”的书写

敦煌《发病书》关于“代人”的书写目前主要保存在 P.2856、Дx.00506＋Дx.05924、S.1468 三件写卷之中，其中 P.2856《发病书》中的《推得病日法》记录最为完整：

> 子日病者不死……鬼字伯扶……去舍九十步许，坏神屋中，柏米火人遣送，辰日小差，午日大差。

① 王晶波：《敦煌占卜文献与社会生活》，兰州：甘肃教育出版社，2011 年，第 571—572 页。

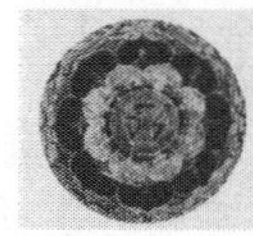

丑日病者小困……鬼字长卿……去舍十二步或百步，向其处送糠火代人，巳日小差，未日大差。

寅日病者不死……鬼字仲后，后无伯，在舍南卌步与沟，代人、香火送，午日小差，申日大差。

卯日病者不死……鬼字仪光，一名，在人舍西北戌地，去舍六步，错蜡代人、香火送，未日差，酉日大愈。

辰日病者困……东南西北有鬼，字小光阿仙，在人舍南午地，去舍九十步，亦云九步，以面人改鸡子、香火送，……申日小差，戌日大愈。

巳日病者不死……鬼字公孺叔，一名阿贵，舍东寅地，去舍七十步，糠火米人代送。

午日病者小困……鬼字叔明在，一名伯名，在舍东寅地，去舍七十步，亦云七步，送麻蒲代人，香火遣送，戌小差，子日大差。

未日病者小厄……鬼字阿公，亦字神公仲和，在人舍东辰地，去舍五十步，糠火米人代送差，亥日小差，丑日大差，忌卯。

申日病者不死……鬼字伯度，亦字伯明仲卿和，在人舍东卯地六十步，秋蒲代人，香火，向所送，子日小差，寅日大愈。

酉日病者困……鬼字小卿阿闍，……去舍十八、八十步，秋蒲代人，向其处送，丑日小差，卯日大差。

戌日病者大重……鬼字叔叔止女山，在人舍南九十步或十九步，以脂饼十番、水二杯，糠火送之，寅日小差，辰日大差。

亥日病者不死……鬼字伯初九卿、元伯，在舍东南巳地四十步，一云四步。向其处送米火代人，即去，卯日小差，巳日大差。

Дx.00506＋Дx.05924 所载内容与上述 P.2856《发病书·推得病日法》相近。S.1468 有关“代人”的书写只有两组占文，即：

巳日病者，须作土人七枚，每长七寸，书人腹作“鬼”字，以酒脯祭之，咒曰：今日某甲疾病，今土人七个，某乙身命，土人一去，其鬼一个不得更住，土人一发，其病即绝。五止已，寒痁毁，病人不得火，急急如律令。送五道头，勿反面，其病即差。

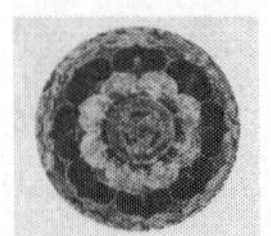

午日病者，须舍西方土，方别三升，作渥于□中立作土人，高一尺，面向北，□手把刀，病人即差。

王爱和博士学位论文《敦煌占卜文书研究》认为S.1468与P.2856中的《推初得病日鬼法》性质相类，并据以确定此件名称[①]。实误。经笔者比较，S.1468相关书写其实更接近于P.2856《发病书》中的篇目《推得病日法》，同时鉴于卷中记述有“右已前十二时中得病日，推勘即知轻重”，因此笔者将此件拟名为《推十二时中得病日等占法抄》。

学界目前关于“代人”性质的争论主要基于以上三件敦煌写本《发病书》，所以对这一问题的讨论需从上述书写展开。

三、敦煌本《发病书》“代人”性质再辨

王晶波《敦煌占卜文献与社会生活》认为P.2856《发病书·推得病日法》记录的是“以人形物代替致病鬼神加以遣送的厌禳术”。笔者按：客观来讲，“代人”在P.2856《发病书·推得病日法》子、寅、卯、辰、巳、午、未、戌日等8组占文中的性质与作用均不明了，仅是说“代人、香火送”，其意不明；但丑日、申日、酉日与亥日四组占文明确记录在确定致病鬼祟的名字与所处位置后，分别“向其处送糠火代人”、“秋蒲代人，香火，向所送，”、“秋蒲代人，向其处送”、“向其处送米火代人”，“代人”与致病鬼祟在行文中是两个独立、不同主体的表述对象，其文义是指将各种材质的代人送至鬼祟所在地而已，可以说丝毫看不出“代人”有代替或等同鬼祟的文义。《敦煌占卜文献与社会生活》之所以得出以上结论，应与该书作者对S.1468《推十二时中得病日等占法抄》的解读有关。

《敦煌占卜文献与社会生活》针对S.1468“巳日病者”该组占文，将其理解为：“巳日得病者的驱病法术即这种‘人形代送’，用泥土做成七个人形，在土人腹上写‘鬼’字，用酒脯祭送，并诵咒语，送至‘五道头’处，便可使病人痊愈。所念咒语，也表明这些土人的性质就是鬼祟的替代者。”笔者按：以上分析和结论均不确。在土人身上书写“鬼”字，并不能表明被书写的对

---

① 王爱和：《敦煌占卜文书研究》，博士学位论文，兰州大学，2003年，第47页。

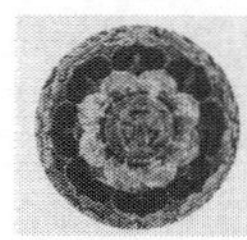

象就是鬼祟。敦煌文献中存有一件州学上足子弟尹安仁所写的P.2661《诸杂略得要抄子一本》，此件写本介绍当时各种生活宜忌中就有“欲至病人家，手中作鬼字；欲至丧家，手中作罡字”，而这一记录并非孤例，成书于公元984年的日本医书《医心方》同样记载了该宜忌习俗①。无疑“欲至病人家”的主体是探望病者的“人”而非“鬼”，之所以在手中作鬼字，只不过是当时的一种避疫之术而已。同时，在人体上书写“鬼”字亦是古代医界长期流行的一种医疗手法，晋人葛洪《肘后备急方》卷三记载“劳疟积久众治不差者”的治疗措施是“又方，未发头向南卧，五心及额、舌七处闭气书鬼字”。唐代王焘《外台秘要方》卷二十八之“崔氏疗卒中恶气绝方”载“取真珠研末书鬼字于舌上，额上亦书鬼字，验”。《医心方》引《枕中方》“治卒忤恶鬼魍魉欲死者”：“书额上作鬼字，即愈。”如果依照《敦煌占卜文献与社会生活》的思维理解，以上医书中在五心、额、舌等身体部位书写“鬼”字的患者就应是致病鬼祟。显然，这一推演逻辑和结论都是不能成立的。

此外，S.1468“巳日病者”该组占文中的咒语，其实同样不能表明土人是鬼祟的替代者。因为咒语清楚记载“今日某甲疾病，今土人七个，某乙身命”，文义非常明了，“土人七个”代表着病患者的“身命”。“身命”之义有二——生命和命运，而只有人才有“身命”，在史料中尚未见到鬼祟拥有“身命”的记载，所以这里的“土人”实是代替病者患疾的“代人”。同一性质的“代人”有时甚至还以真人的形式出现，如《魏书·崔浩传》载：“浩父疾笃，浩乃剪爪截发，夜在庭中仰祷斗极，为父请命，求以身代，叩头流血，岁余不息。”②崔浩在这里即力图以自身代替疾笃的父亲。

再则，“代人”的形状无疑是人形，而“人”、“鬼”的形象在古代社会观念中有着很大差异。应劭《风俗通义》曾提及“犬马旦暮在人之前，不类不可，类之故难；鬼魅无形，无形者不见，不见故易”③。无论是敦煌写本《发病书》、还是敦煌本S.P.6《乾符四年（877）具注历日》，对“鬼”的描绘均是“鬼形”，无一用“人形”者，尤其S.P.6《乾符四年（877）具注历日·推十干得病日法》明确强调所绘制的是“甲乙鬼形”、“丙丁鬼形”、“戊己鬼形”、“壬

① ［日］丹波康赖，高文铸等校注：《医心方》，北京：华夏出版社，1996年，第300页。
② 《魏书》，北京：中华书局，1974年，第812页。
③ （汉）应劭撰，王利器校注：《风俗通义校注》，北京：中华书局，1981年，第16页。

癸鬼形”、“庚辛鬼形”。故从图像史的角度考察，《敦煌占卜文献与社会生活》认为“代人”是指“用其他物品做成人的形象，代替作祟致病之鬼”的观点也是缺乏依据的。

综合以上，无论是敦煌《发病书》具体文义，还是中古医书的医疗书写以及古代“人”、“鬼”间的图像差异，都表明《敦煌占卜文献与社会生活》提出的敦煌《发病书》见载“代人”是指鬼祟替代者这一观点尚不能成立。

尽管笔者的观点业已为敦煌《发病书》部分书写所支持，但仍需利用敦煌文献之外的史料予以进一步补充和夯实。

人形代厄方术起源甚早，至迟商周时期就已形成，其文化形态在古代绵延不断，尤其有关“代人”的历史遗存甚为丰富，遍及中国新疆至日本整个亚洲腹地，甚至在新疆哈喇和卓地区十六国时期墓葬中出土过一件正、背面分别用汉字和粟特字母拼写“代人”的桃人，表明人形代厄的观念亦影响到了古代西域的少数民族[①]。众多材料中最能印证笔者观点的，莫过于大约成书于南北朝的道教文献《赤松子章历》，该书卷四《解五墓章》将“代人”的性质与功用介绍得极为明了：

> 上言臣谨按
>
> 玄科，今据乡贯某，叩头自列，素以胎生，下官子孙，但某身中，今岁行年到某辰上，入墓之年，或为五墓所缠，及三杀之下。夫人入墓之年，恐被墓神注连，鬼气缠绕。比者脚手沉重，饮食不加，罔知拔赎五墓灾厄，扶护身命。唯以一心，上凭　大道，仰希鉴照，特垂救护。今赍法信，锡人五躯，命米一石二斗，命钱一千二百文，命素一匹，油一斗二升，纸、笔，算子百二十枚，向臣求乞章奏，断绝亡人殃祸。令以锡人代形，分解灾厄，延年保命。谨以拜章一通上闻。愿　天曹上官典者，垂恩照省，原赦某身，年七世已来所犯千罪万过，并赐除荡，五墓五方之厄来临者，以锡人五形代之，令弟子无有错误之厄。[②]

---

① 王育成：《中国古代人形方术及其对日本的影响》，《中国历史博物馆馆刊》1997年第1期，第32—56页。

② 《道藏》第11册，北京：文物出版社等，1988年，第205页。

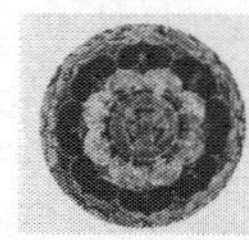

此段文义为：某人认为其行年到某一年份上，恰为“入墓之年”①，导致“墓神注连，鬼气缠绕”以及“脚手沉重，饮食不加”等身体不适，为“分解灾厄、延年保命”，故使用锡人五躯，令其代替某人承受五墓五方之厄，以确保无有错误之厄。显然，《解五墓章》中的五躯锡人即为代替某人受厄的“代人”，敦煌《发病书》中“代人”的性质、功能与之完全相同。

因此笔者仍坚持最初的观点：敦煌《发病书》中的“代人”，应是指替代患疾病者的各类人形，代替的是“病人”而非“鬼祟”。

① 需要说明的是，文中的“墓”不是“坟墓”，而是古代禄命信仰中的衰厄走势之意，具体研究参见陈于柱：《敦煌写本〈宅经·五姓同忌法〉研究——兼与高田时雄先生商榷》，《中国典籍与文化》2007年第4期。

敦煌术数文献所见“天医”考论

“天医”之名在敦煌写本《发病书》、《宅经》、《禄命书》等术数文献中多有记载，但时至目前，学界对其信仰功能、源起流变、适用范围等关键问题仍缺乏详细考量，这些问题的厘清，不仅有助于敦煌社会历史文献的释读校勘，而且还可以为由此所引发的古代医学与术数文化关系问题提供新的研究认识。

敦煌术数文献中的天医多以游年八卦的形式出现，所谓游年八卦即如隋萧吉《五行大义•论诸人》所言：“游年之名，皆以运动不住为义，以其随岁行游，不定一所也。……游年所至之卦，因三变之，一变为祸害，再变为绝命，三变为生气。生气则吉，祸害、绝命则凶。吉则可就其方，凶则宜避其所。……游年、年立即是人之年命”[①]。天医与生气、祸害、绝命等一同为敦煌占卜书普遍使用，如 P.2842 V《推人九天宫法》记：

> 离，年一，八，十六，二十四，三十二，四十，四十一，四十八，五十六，六十四，七十二，八十，八十八，九十八。祸害艮东北方，绝命乾西北方，生气震东方，天医兑西方，福德巽东南方。

较之生气、祸害、绝命，天医同样具有规则性，即游年之卦变中爻与上爻是为小游年八卦中的天医，这主要应用于《禄命书》；变下爻和中爻所称“天医”者是大游年之专称，主要为《宅经》等相宅书所使用[②]。而天医在占卜中的基本功能则是象征疗疾治病的最佳方位，敦煌本《发病书》之《天牢鬼镜图并推得病日法》记：“绝命、祸害百不宜，迎师问病及□医，若往此□衰厄病，……天医之方宜服药、求师疗病。”S.5772《推人游年八卦法（拟）》亦载：

---

① （隋）萧吉著，钱杭点校：《五行大义》，上海：上海书店出版社，2001 年，第 143—144 页。
② 《协纪辨方书》，载李零：《中国方术概观•选择卷》，北京：人民中国出版社，1993 年，第 132、137 页。

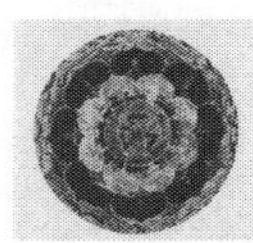

“天医地、福德地，宜迎师避病求财大吉。”P.2615b《八宅经一卷》同样强调：“戌亥生人属乾，……宜作艮宅，是天医，有病入宅中便差。”[①]由于《五行大义》中未记载到天医，加之敦煌术数文献多抄写于唐五代宋初，故笔者曾一度认为天医信仰可能在唐五代之际始兴。但现在看来，这一信仰当有着更为久远的历史以及多元的存在状态。

成书于东汉安帝、顺帝时期的道教经典《太平经》既已对天医有所记述，是书卷八十七“长存符图第一百二十八”载：“天符还精以丹书，书以入腹，当见腹中之文，大吉，百邪去矣。五官五王为道初，为神祖，审能闭之——闭门户。外闇内明，何不洞睹？守之积久，天医自下，百病悉除，因得老寿。愚者捐去，贤者以为重宝，此可谓长存之道。”[②]从“天医自下，百病悉除”等言语来看，早期天医不仅具有为敦煌术数文献所秉承的疗疾信仰功能，而且业已被神格化了，否则不会有“自下”的动作出现，这或许就是清代《协纪辨方书》将其解释为“天医者，天之巫医”的原因。灵帝中平元年（184）的张角起义，再次凸现出早期天医信仰的道教背景，《后汉纪·灵帝纪》：“中平元年春正月，巨鹿人张角谋反。初，角弟梁、梁弟宝，自称天医，善治疗疾病，（病）者辄跪拜首过。病者颇愈，转相诳耀，十余年间，弟子数十万人，周遍天下。”天医对当时社会民众的巨大感召力，在此次事件中展示得可谓是一览无遗，而兼备神性与医疗效能的天医信仰在随后也获得了更大范围的扩展。

魏晋隋唐时期天医一方面继续为道教所推崇，如《赤松子章历》中的“天医所在”条载：“正丑，二庚，三壬，四庚，五壬，六丙，七壬，八酉，九丙，十申，十一丙，十二辛。右十二月天医所在，若欲收击治病，常从天医上来大吉。”“疾病医治章”也记有“谨谒天曹上手天医太医君吏十二人，下为某身随病所在即为救疗”。另一方面则被这一时期的医学与占卜术数所广泛使用。

孙思邈《备急千金药方》卷二十九“针灸上”中即相继设有“推天医血忌等月忌及日忌傍通法”：

① 陈于柱：《敦煌写本宅经校录研究》，北京：民族出版社，2007年，第427页。
② 俞理明：《〈太平经〉正读》，成都：巴蜀书社，2001年，第275页。

月傍通正、二、三、四、五、六、七、八、九、十、十一、十二，

天医　卯、寅、丑、子、亥、戌、酉、申、未、巳、午、辰，呼师治病吉。

“推行年天医法”：

年至子、丑、寅、卯、辰、巳、午、申、酉、戌、亥。

天医卯、戌、子、未、酉、亥、辰、巳、午、丑、申。

“求岁天医法”：

常以传送加太岁，太一下为天医。

“求月天医法”：

阳月以大吉，阴月以小吉，加月建功曹下为鬼道，传送下为天医。[①]

类似内容还同样出现在982年成书的《医心方》所引《虾蟆经》中[②]，高文铸先生研究指出：“《虾蟆经》即《黄帝虾蟆经》，又称《黄帝虾蟆图》。”并引日人丹波元胤刊刻《黄帝虾蟆经》之际的跋语：“其书虽全然出于假托，而《太平御览》引《抱朴子》曰：‘《黄帝经》有《虾蟆图》，言月生始二日，虾蟆始生，人亦不可针灸其处。’《隋志》又有《明堂虾蟆图》一卷，徐悦《孔穴虾蟆图》三卷，则知晋宋间，已行于世。”此语不仅使我们确信天医早在晋宋时期就已进入医学领域、成为针灸等医疗活动的宜忌事项，而且使敦煌《禄命书》、《发病书》等术数文献的创制时间也得以暂且界定在这一时期，因为包括“天医”在内的游年八卦已完整地出现在了《虾蟆经》中，以离卦为例：

八卦法，出《发命书》。离：年一、八、十六、二十四、三十二、四十、四十一、四十八、五十六、六十四、七十二、八十一、八十八、九十六、百四、百十二、百二十。游年立离，祸害艮，绝命乾，鬼吏坎，墓在亥，生气震，养者坤，天医兑，绝体坎，游魂在坤，祸德巽，五鬼艮。小衰正月、五月、十二月，忌五日、十二、二十八日。大厄十月，忌二日、九日、十七日、二十五日，不可北行。

---

①（唐）孙思邈：《备急千金药方》，北京：人民卫生出版社，1955年影印本，第520页。

②［日］丹波康赖著，高文铸等校注研究：《医心方》，北京：华夏出版社，1996年，第77—78页。

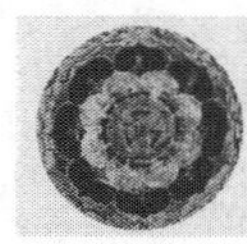

一说厄正月、三月、十月、十二月，忌二日、十二日、不可南行。

衰日时：寅、申。[①]

此文与前述敦煌写本P.2842V《推人九天宫法》相比较，无论是年岁构成还是八卦游年，两者显然都近乎无异。此外更为重要的是，《虾蟆经》明确注明了游年八卦出自《发命书》，这一方面可以了解到《禄命书》在晋隋时期亦可称之为《发命书》，另一方面则为我们提出了新的研究课题：作为医书的《虾蟆经》将术数性质的《发命书》引入其中，其现象背后暗含着怎样的历史语境？“天医”在古代中国究竟是属医学还是术数？

其实“引卜入医”是古代社会极为普遍的现象，仅以医学中的生育为例，《诸病源候论》卷三十八“无子候”载：“妇人无子，其事有三也。一者坟墓不祀，二者夫妇年命相克，三者夫病妇疹，皆使无子。其若是坟墓不祀、年命相克，此二者，非药能益。”[②]《备急千金药方•妇人方•求子方第一》亦将年命五行、刑杀生克等术数因素看作求子的关键：“夫欲求子者当先知夫妻本命，五行相生，及与德合，并本命不在子休废死墓中者，则求子必得。若其本命，五行相克，及与刑杀冲破，并在子休废死墓中者，则求子了不可得。”[③]

与“引卜入医”相对应的，则是“引医入卜”现象在历史上的共存。不仅传世文献大量记有以卜师身份从事医疗活动的事例，而且在敦煌术数文献中同样见载诸多医学事项，其中以“吊死问病”之禁忌尤为典型。“吊死问病”或言“吊丧问病”、“吊问”，主要指吊唁丧家、看问病者。敦煌禄命书对其多有记述，P.2830《推人游年八卦图》载：“绝命在坎，正北，忌十一月子日，不宜吊丧问病。”P.3066《推男女年立算厄法（拟）》：“年五十八，男立癸亥，忌十月四月，所作不成，口舌竞起，吊死问病凶，算尽。”P.3398《推十二时人命相属法》：“子生鼠相人，命属北方黑帝子，日料黍三石五十一升，宜着黑衣，有病宜复（服）黑药，大厄子午年，小厄五月十一月，不得吊死问病。”据学界研究，此类禁忌来自中国很古老的疾病传播观念，这种观念认为接触患者或者患者的居住环境、灵柩都会导致疾病的

---

①［日］丹波康赖著，高文铸等校注研究：《医心方》，北京：华夏出版社，1996年，第79、89页。

②（隋）巢元方撰，丁光迪主编：《诸病源候论校注》，北京：人民卫生出版社，1991年，第1124页。

③（唐）孙思邈：《备急千金药方》，北京：人民卫生出版社，1955年影印本，第16页。

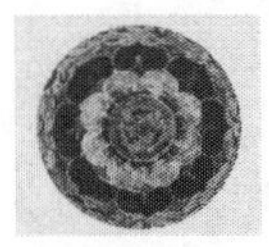

传播①。故《诸病源候论》作有专论：“死注，人有病注死者，人至其家，染病与死者相似，遂至于死，复易傍人。……丧注，人有临尸丧，体虚者则受其气，停经络腑藏。若触见丧柩，便即动，则心腹刺痛，乃至变吐。”②《耆婆脉决经》也规定“凡戊日不见病人，巳日不问病者”③。因此敦煌禄命书中的“吊问”禁忌，当是古代医学中传染病预防在术数领域的再现。

“引卜入医”与“引医入卜”的并存，清楚地表明了古代医学与术数之间界限的模糊性，甚或可以说有着严重的“医、巫合流”趋向，正是因为此类文化趋向长期、普遍的存在，所以我们不仅可以看到《虾蟆经》能够将《发命书》引于其中，而且也可以看到敦煌术数文献叠合医书的现象，例如归义军时期敦煌“衙前通引并通事舍人范子盈、阴阳氾景询二人写记”的 P.2675V，在记载禄命术性质的《七星人命属法》的同时，也抄有与古代针灸医疗有关的人神禁忌，而《七星人命属法》的主体内容同样也赫然出现在了《医心方》所引医书《产经》之中。学界目前关于本件写本究竟属于医书还是占卜书的摇摆和争执④，恰恰就是因为忽视了古代医学与术数甚或宗教间互通的整体特质。古代中国医、巫合流的文化特质，注定类似“天医”、“人神”等信仰因子要在占卜巫术与医学间游走，成为不同宗教学科所共享的文化资源。那么在此背景下，古代医界所宣扬的“信巫不信医”的枉死观⑤，自然也就成了一个真实的谎言，这或许可以更多地理解为古代医者对自身职业利益的一种捍卫吧！

① 陈昊：《汉唐间墓葬文书中的注病书写》，《唐研究》第 12 卷，北京：北京大学出版社，2006 年，第 290 页。

②（隋）巢元方撰，丁光迪主编：《诸病源候论校注》，北京：人民卫生出版社，1991 年，第 707 页。

③［日］丹波康赖著，高文铸等校注研究：《医心方》，北京：华夏出版社，1996 年，第 81 页。

④ 马继兴先生视本件文书为医书，黄正建先生则将其推定为禄命书。分别参见氏著《敦煌医药文献辑校》，南京：江苏古籍出版社，1998 年，第 513 页；《敦煌占卜文书与唐五代占卜研究》，北京：学苑出版社，2001 年，第 108、109 页。

⑤《史记·扁鹊仓公列传》：“病有六不治：骄恣不论于理，一不治也；轻身重财，二不治也；衣食不能适，三不治也；阴阳并，藏气不定，四不治也；形羸不能服药，五不治也；信巫不信医，六不治也。”（《史记》卷 105，北京：中华书局，1982 年，第 2794 页）日本龙谷大学图书馆藏敦煌写本《本草经集注》：“仓公有言：病不肯服药，一死也；信巫不信医，二死也。”（马继兴：《敦煌医药文献辑校》，南京：江苏古籍出版社，1998 年，第 544 页）俄藏敦煌文书 Дx.09170Дx.10178 记：“医方内有三种枉死，答曰：……不肯服药一死，二者信巫（后缺）。”图版参《俄藏敦煌文献》第 14 册，上海：上海古籍出版社，2000 年，第 133 页。

武威西夏二号墓彩绘木板画“蒿里老人”考论
——兼论敦煌写本《发病书》中的“丈人”

一、“蒿里老人”非墓主肖像

1977 年甘肃武威西郊林场西夏二号墓出土一件长 28 厘米、宽 10.5 厘米的木板画，画中人物正面像，细胡须，头戴峨冠，身着交领宽袖长衫，腰束带，拄竹杖，形象庄重；侧面墨书“蒿里老人”。就此画像，史金波、白滨、吴峰云编著《西夏文物》认为：“一说为土地神，一说为墓主人肖像。按古代挽歌中称人死后魂魄归宿为‘蒿里’，墓主人说似可信。”[①]在随后长达二十年的时间里，有关“蒿里老人”画像为墓主人的观点不时得到学界的认同和肯定[②]。笔者认为，“蒿里老人”实系中国古代冥界神祇之一，因属以世间政治体系为模型而建立的地府官僚，以及被古人视为遣祟致疾的重要病源，为古代中国社会长期信仰。武威西夏二号墓“蒿里老人”木板画即是这一神祇的珍贵图像，而非墓主人肖像。

二、古代墓葬中的“蒿里老人”

学界关于“蒿里”的讨论颇多，目前比较确定的是，蒿里在中国古代被视为“死人里”，至迟在东汉晚期蒿里已成为冥府的代称之一[③]。就这一点来讲，《西夏文物》一书的解释是正确的。老人，在古时又称“丈人”、“父老”、“耆老”、“耆寿”、“老翁”等。余欣先生最早注意到武威西夏二号墓“蒿里老人”与古代镇墓文、买地券见载“蒿里丈人”、“蒿里父老”的等同[④]，功不可

① 史金波、白滨、吴峰云编著：《西夏文物》，北京：文物出版社，1988 年，第 295—296 页。
② 杨福主编：《甘肃武威西夏二号墓木板画》，重庆：重庆出版社，2000 年；陈丽伶、余隋怀：《武威西夏木版画的遗存及其特征》，《西北工业大学学报》（社会科学版）2008 年第 1 期，第 25 页。
③ 蒲慕州：《墓葬与生死——中国古代宗教之省思》，北京：中华书局，2008 年，第 205 页。
④ 余欣：《神道人心——唐宋之际敦煌民生宗教社会史研究》，北京：中华书局，2006 年，第 123 页。

没；惜未能对《西夏文物》的既有解说予以辨别。而有关古代“蒿里老人”，无论是史料挖掘还是研究认识，都尚有较大空间有待开掘和深入。

在东汉晚期的镇墓文中曾出现过“蒿里伍长”或曰“蒿里君”者①，未见有“蒿里老人”。目前所知，“蒿里老人”最早见于《晋某年（4世纪）蛇程氏葬父母镇墓券》：

> 告立之印，恩在墓皇、墓伯、墓长、墓令、丘丞、地下二千石、地下都尉、延门伯史、蒿里父老。②

这里的“蒿里父老”即是“蒿里老人”，此后在南朝、五代、宋的镇墓文、墓葬祭神文、买地券中频频出现，其中代表性文本主要有《元嘉十年湖南长沙徐副墓券》：

> 宋元嘉十年太岁癸酉十一月丙申朔廿七壬戌辰时。新出太上老君符敕：天一地二，孟仲四季，黄神后土，土皇土祖，土营土府，土文土武，土墓上墓下、墓左墓右、墓中央五墓主者，丘丞墓伯，冢中二千石，左右冢侯，丘墓掾史，营土将军，土中都邮，安都丞，武夷王，道上游逻将军，道左将军，道右将军，三道将军，蒿里父老，都集伯伥，营域亭部，墓门亭长，天罡、太一、登明、功曹、传送随斗十二神等：荆州长沙郡临湘县北乡白石里男官祭酒、代元治黄书契令徐副，年五十九岁，以去壬申年十二月廿六日，醉酒寿终，神归三天，身归三泉、长安蒿里。副先人丘者旧墓，乃在三河之中，地宅狭窄，新创立此，本郡县乡里立作丘冢，在此山岗中。尊奉太上诸君丈人道法，不敢选时择日，不避地下禁忌，道行正真，不问龟筮，今已于此山岗为副立作宅兆。丘丞营域，东极甲乙，南至丙丁，西接庚辛，北到壬癸，上及青天，下座黄泉，东阡陌，各有丈尺，东西南北地皆属副。日月为证，星宿为明，即日葬送。板到之日，丘墓之神，地下禁忌，不得禁呵志讶，坟墓宅兆，营域冢郭，闭系亡者魂魄，使道理开通，丘墓诸神，咸当奉板，开示亡人

① 唐金裕：《汉初平四年王氏朱书陶瓶》，《文物》1980年第1期，第95页。

② 《书道全集》第三卷，东京：平凡社，1931年，第15、17页。转引自余欣：《神道人心——唐宋之际敦煌民生宗教社会史研究》，北京：中华书局，2006年，第116页。

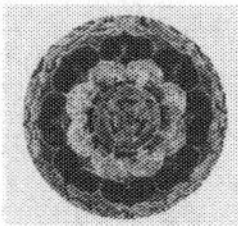

道地，安其尸形，沐浴冠带，亡者开通道理，使无忧患，利护生人。至三会吉日，当为丘丞诸神言功举迁，各加其秩禄，如天曹科比。若有禁呵，不承天法，志志讶冢宅，不安亡人，依玄都鬼律治罪。各慎天宪，明永奉行。①

《广东始兴元嘉十九年买地券》：

兴郡始兴县东乡新城里名村前掘土冢作丘墓，乡亭里邑、地下先人、蒿里父老、墓乡有（右）秩、左右冢侯、丘丞墓伯、地下二千石、安都丞、武夷王，买此冢地，纵广五亩。②

敦煌文献上博48（41379）《清泰四年曹元深为曹议金葬后谢墓祭神祝仪抄》：

维大唐清泰四年岁次丁酉八月辛巳朔十九日己亥，孤子归义军行军司马、银青光禄大夫、检校国子祭酒、兼御史大夫、上柱国、谁（谯）郡曹元深等，敢昭告于后土地神祇、五方帝、五岳四渎、山川百灵、廿四气、七十二候、四时八节、太岁将军、十二时神、墓左墓右、守土冢大夫、丘承（丞）墓伯、四封都尉、魂门停（亭）长、地下府君、阡陌、游击、三丘五墓、家亲丈人；今既吉晨（辰）良日，奉设微诚，五彩信弊（币），金银宝玉，清酒肥羊，鹿脯鲜果，三屠上味。惟愿诸神留恩降福，率领所部，次第就座，领纳微献，赐以嘉福。主人再拜，行酒上香。奉请东方苍龙甲乙墓左之神，奉请南方朱雀丙丁墓前之神，奉请西方白虎庚辛墓右之神，奉请北方玄武壬癸墓后之神，奉请中央黄帝后土戊己墓内之神，奉请乾、坤、震、巽、离、兑、坎、艮八卦神君，元曹、墓曲、墓录、墓鬼、殃祸、墓耗之神，童子、宝藏、金印、金柜、玉信、黄泉都尉、蒿里丈人，一切诸神等，各依率所部，降临就位，依次而坐，听师具陈。主人再拜，行酒上香。重启诸神百官等：今既日好时良，宿值天仓，主人尊父大王灵柩，去乙未年二月十日，于此沙州莫高乡阳开之里，

① 王育成：《徐副地券中天师道史料考释》，《考古》1993年第6期，第572页；刘屹：《敬天与崇道——中古经教道教形成的思想史背景》，北京：中华书局，2005年，第122—123页。
② 廖晋雄：《广东始兴发现南朝买地券》，《考古》1989年第6期，第566页。

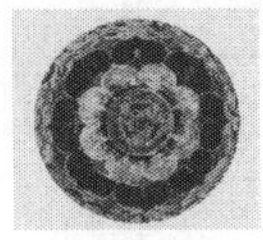

> 依案阴阳典礼，安厝宅兆，修荣（营）坟墓，至今月十九日毕功葬了。当时良师巽（选）择，并皆众吉。上顺天文，下依地理，四神当位，八将依行，倾（顷）亩足数，阡陌无差，麒麟、凤凰、章光、玉堂，各在本穴；功曹、传送，皆乘利道；金柜玉堂，安图不失；明堂炳烛，百神定职。加以合会天仓，百福所集，万善来臻。又恐营选之日，掘凿筑治，惊动地神，发泄上气，工匠不谨，触犯幽祇；或侵阴阳，九坎八煞，非意相妨；或罗天网。或犯魁罡，或惊土府，或越辛光，或逆岁时，横忏死祥。今日谢过，百殃消亡，死者得安，生者吉□（祥）。[①]

《宋淳祐三年福州黄氏买地券》：

> 维淳祐三年岁次癸卯朔二十二日甲子辰时末，以符告：天一地二，孟仲四季，黄泉后土，工文武，土历土伯，土星土宿，土下二千石，神蒿里父老，武夷山王，玄武鬼律，地女星照，今有大宋国福州怀安县人坐乡观凤里殁故黄氏五二孺人，元命丁亥四月二十五日午时受生，不幸于今年七月初十日酉时身亡，享年一十七岁。生居城郭，死居窀穸，音利吉方，于本县忠信里地名浮仓山，坤山坐丁向癸，利居安堵，用伸安厝此岗，更不迁移，不改村名，谨赍银钱壹万玖仟玖百玖拾玖贯文，分付地主张坚固、保人李定度卖得此山乙所，东至甲乙，南至丙丁，西望庚辛，北至壬癸，上至青天，下至黄泉，内至陈分壁。今以牲羊酒食其为信契，或有无道思神，不得干犯亡灵，先有居者，永避万里。若违此约，直符使者自当其祸。保护亡魂安稳，荫佑生人平康。五帝使者奉太上敕，急急如律令。[②]

在上述镇墓文与买地券中，蒿里父老或曰蒿里丈人与丘丞墓伯、冢中二千石、武夷王、黄泉都尉等，共同构成了所谓“丘墓之神”。《赤松子章历》卷五也明确提出：“丘丞、墓伯、地下二千石、苍林君、武夷君、左右冢侯、

① 刘屹：《上博本〈曹元深祭神文〉的几个问题》，国家图书馆善本特藏部敦煌吐鲁番学资料研究中心编：《敦煌学国际研讨会论文集》，北京：北京图书馆出版社，2005年，第151—152页。

② 陈进国：《考古材料所记录的福建“买地券”习俗》，《民俗研究》2006年第1期，第170—171页。

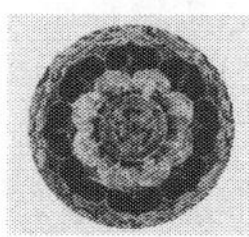

地中司激、墓卿右秩、蒿里父老，诸是地狱所典主者。”大概因为具有“保护亡魂安稳，荫佑生人平康”的职能，所以“蒿里老人”渐成为古代墓葬中的明器之一，《宋会要辑稿》礼二九记宋太宗永熙陵和宋真宗永定陵中有“仰观、伏听、清道、蒿里老人、鲵鱼各一”。成书于金元时期的《大汉原陵秘葬经》，其《盟器神煞篇》详细规定了天子、亲王至庶人墓葬中的各种明器[①]，天子陵墓所用明器有“蒿里老翁长五尺九寸，安西北角”，大夫以下至庶人墓内亦设“蒿里老公，长一尺五寸，安堂西北角”。编撰于宋金间的《重校正地理新书》卷十五“送葬避忌·推五姓墓内神祇方位傍通”还规定了蒿里老人在墓葬中的具体位置：“丈人，去墓十二丈。”[②]这条材料不仅可使我们了解“蒿里老人”在古代墓葬中的放置距离，而且还可认识到“蒿里丈人”在古时又可简称曰“丈人”，这将有助于我们扩展对“蒿里老人”的认识。

通过以上可以确定，甘肃武威西夏二号墓木板画“蒿里老人”，实系中国古代丘墓之神、即墓葬神祇之一，学术界将其考定为墓主人的观点是错误的，需加更正。“蒿里老人”刻绘于木版画之上以及仅 28 厘米的长度，与上述诸种历史记载相较，其形式无疑显得极为独特。这种特殊性是由地域引起还是因西夏社会的特殊性所使然？抑或两者兼而有之？对此问题尚有待作进一步探讨。

三、敦煌写本《发病书》中的“丈人”

当学术界把“蒿里老人”多放置于古代墓葬层面考察时，却普遍忽视了该神祇在地上世界的活跃，敦煌遗书中的术数文献如《发病书》等，对此即有丰富的记载和描述。法藏敦煌文献 P.2865《发病书》“推年立法”载有：

> 年立子，人忌十一月五月，带此府（符）大吉。年立子黑色人衰，十一月子夜半时，五月午时，若其日时得病，十死一生，非其日时，不死。病者唯苦头痛，谈吐逆食不可下，胸胁疼痛，恍惚有

① 徐苹芳：《唐宋墓葬中的“明器神煞”与“墓仪”制度——读〈读大汉原陵秘葬经〉札记》，《考古》1963 年第 2 期，第 88 页。

② （宋）王洙撰，（金）毕履道、张谦整理：《重校正地理新书》影印北大图书馆藏金刻本，《续修四库全书》子部“术数类”，第 1054 册，上海：上海古籍出版社，2002 年，第 116 页。

时。祟在君、土公、丈人、司命、星死鬼，旦以大神食不净，病从南北因酒食中得，不死。子者，神后，天长女，主生人命，故知不死。病者忌五月、十一月子、午日。

年立寅，忌正月七月，带此府（符）大吉。年立寅青色人衰，正月寅日七月申日，若其日得病者，十死一生，非其日时，不死。病〔者〕唯苦头痛，胸胁满，短气，见血，恍惚不食。祟在山神、树木、狂死鬼及断后兵鬼、不葬鬼所作，宅中有狗鼠怪，忧小口，及水上神明、丈人，急解之吉。忌正月七月寅申日。

年立辰，黄色人衰，带此符吉。三月九月辰戌日，若其时日病，十死一生，非其日时，不死。唯苦头痛，心腹胀满，腰背拄强，手足不仁，身体热，卧不安，梦误颠到（倒），饮食不下，祟在树神、北君、司命、丈人、兵死无后鬼、东南土公不赛，令人失魂，病从西方，釜鸣为怪，不死。解之吉，忌三月九月辰戌日。

年立巳，忌四月十月，带此符大吉。〔赤〕色人衰，忌四月巳日十月亥日，若其时日时日得病，十死一生，非其日，不死。病者唯苦头痛，心腹满，因（咽）喉不利，乍寒乍热，饮食不下，手足烦疼。祟在社公及灶不赛，丈人、鸡狗为怪，六五日不吉，病者不死。忌十[月]四月亥巳日。

年立未，忌六月十二月，带此符吉。黄色人衰，忌六月未丑（衍）日十二月丑日，若其日时得病，十死一生，非其日时，不死。病者唯苦头痛，四支（肢）腰背咽喉不利，〔乍〕寒乍热，吐逆饮食不下，祟在社公、灶君、天神不赛，北君有言，遣绝后鬼、丈人、狗□□□□乍来去，朝差暮剧，祟在天神不赛，西南角土公所作，鬼兵、蛟（绞）死不葬鬼、溺死鬼，解之吉。

年立酉，带此〔符〕吉。〔白〕色人衰，二月卯日八月酉日，若其日时得病，十死一生，非其日时，不死。病者唯苦头痛，股中急，心下两胁痛，吐逆，食饮不下，乍来乍去，手足烦疼。祟在天神、丈人，从外得之，北方有人惊动宅神，无后鬼、狱死鬼，令人魂魄分散，解之吉。忌二月八月卯酉日。

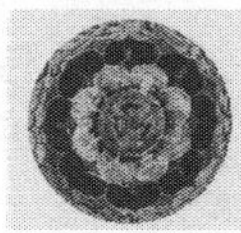

年立戌，带此符吉。黄色人衰，九月戌日三月辰日，若其日时得病，十死一生，非其日时，不死。病者头目耳痛，孔穴不利，咽喉不通，吐逆不食，心腹胀满，身唤不眠，祟在丈人、土公、天神、星死不葬鬼、女子鬼祟病者，解之吉，不死。忌三月九月辰戌日。

俄藏敦煌文献Дx.01258＋Дx.01258V＋Дx.01259（＋Дx.04253V）＋Дx.01259V（＋Дx.04253）＋Дx.01289＋Дx.01289V＋Дx.02977＋Дx.02977V＋Дx.06761＋Дx.06761V＋ Дx.03165V＋Дx.03165＋Дx.03829＋Дx.03829V＋Дx.03162＋Дx.03162V《天牢鬼镜图并推得病日法》亦有：

64 在丈人、北君，求谢之吉。卯日小降，巳
65 日大差，死生在未日，男重女轻。
（以下为Дx.03165）
66 **推得病日法**
67 建日病者，犯东方土公、丈人，索食祀
68 祭不了，有龙蛇为怪，家亲所为。
69 解之吉，七日差。除日病者，客死鬼
70 为祟，来去有时，耗人财物，令人□
71 讼，急须安宅解之吉，五日差。满日
72 病者，断后不葬鬼与人为祟，病者
（以下为Дx.03829）
73 寒热，解送之吉，七日小降，十日大差。
74 平日病者，西南有造作，犯触神树，
75 不葬鬼为之。急谢之。五日小降，七日大差。
76 定日病者，大神并司命鬼为祟，病
77 者心腹胀满，须谢饲（祀）之吉，七日小降，
78 十日大差。执日病者，有大神及宿
79 愿不赛，丈人将新死鬼为祟，解
（以下为Дx.03829V）
80 送之吉，七日小降，十日大差。破日病者，
81 犯触家废灶，土公丈人欲得食，

82　并星死鬼为之，解送之吉，五日小降，

83　七日大差。危日病者，犯触□

84　南树神，丈人嗔责，遣客死鬼为□，

85　解谢送吉，七日小降，十日大差。

英藏敦煌文献S.3724V《李老君周易十二钱卜法》：

> 易曰，二文十缕，坎上离下，火土之卦，母子相生，祸害不起，卜身吉，病者差，祟是灶、丈人……
>
> 易曰，三文九缕，震上离下，火木之卦，□□有喜，田蚕大得，卜身吉，所求如意，囚系无罪，诉讼得通，蒙恩欣喜，病者不死，祟在灶君、丈人……

尾题“州学阴阳子弟吕弁均本，是天复肆载，岁在甲子浃钟润三月十二日，吕弁均书写也”的P.2859《逆刺占一卷》：

> 占十二时来法。子时来占，病苦腹胀热，丈人所作，坐祠不赛，病者不死，许乞土公。……卯时来占，病人苦胸肋，四肢不举，时祟在丈人、土公，急解之。辰时来占，病苦头、心闷、吐逆，坐犯东南土公、丈人来所，急谢解之。

诚如前述，古时“蒿里丈人”又可简称“丈人”，因此，敦煌术数文献中的“丈人”正是古代墓葬中的“蒿里老人”。不过，与在墓葬中“保护亡魂安稳，荫佑生人平康”的表现不同，敦煌术数文献中的蒿里丈人更多是与司命、社公、土公、树神、灶君、星（腥）死鬼、新死鬼等其他神祇或鬼怪一起，共同被描绘成了遣祟致疾的病源，成为世人罹患的重要病因。在这里，丈人作祟致疾的方式主要可概括为三种：一是与众神鬼共同作祟，如“病者头目耳痛，孔穴不利，咽喉不通，吐逆不食，心腹胀满，身唤不眠，祟在丈人、土公、天神、星死不葬鬼、女子鬼祟病者”（P.2865《发病书》）；一是受北君等大神遣派，如“病者唯苦头痛，四支（肢）腰背咽喉不利，〔乍〕寒乍热，吐逆饮食不下，祟在社公、灶君、天神不赛，北君有言，遣绝后鬼、丈人、狗□□□□乍来去，朝差暮剧”（P.2865《发病书》）；三是率领或派遣诸鬼怪作祟，如“执日病者，有大神及宿愿不赛，丈人将新死鬼为祟，解送之吉，

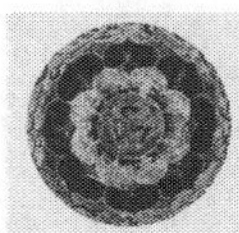

七日小降，十日大差”、“危日病者，犯触□南树神，丈人嗔责，遣客死鬼为祟，解谢送吉，七日小降，十日大差”（俄藏敦煌文献《天牢鬼镜图并推得日法》）。而在古人的思想世界中，唯有通过向丈人等神祇献祭、解谢，方能使病家转危为安。

敦煌各类占卜书对蒿里老人或者说蒿里丈人的丰富记述，表明古代社会对蒿里老人的崇信，不仅存在于关涉死亡的地下世界，而且还存在于关乎疾病健康的现实生活之中。这或许正是对蒿里老人在镇墓文中“保护亡魂安稳，荫佑生人平康”功能的完整诠释。

四、“蒿里老人”信仰的社会与医史背景

古人对死后世界有着丰富的想象与设计，两汉以来普遍认为地下世界的结构乃是人间社会的“翻版”，冥界也有一套以泰山府君为中心的官僚机构。学界根据出土镇墓文认为：地下二千石，相当于汉制的郡守；冢丞冢令，相当于县之令丞；丘丞墓伯、蒿里父老、墓门亭长，等等，这些官名多是以汉代官制为范本“仿制”的，其中父老、亭长等相当于乡里小吏[①]。就蒿里老人而言，余欣先生指出，此神虽然沉沦下僚，但职权甚重，可执行太上老君指令，斩杀妄图侵犯墓地之鬼神[②]。但对源自于乡间小吏的蒿里老人，为何在冥界地府拥有如此之执事大权却未加解释。

乡里作为中国帝制社会最为基层的地方管理组织，颇为稳定和持久，对古代地方社会产生深远影响。乡里组织的官吏虽职级较低，但却与编户百姓直接打交道，承担着征收赋税、摊派徭役等重要事宜，因此乡官对基层民众的现实生活与精神世界均有着相当的影响。《后汉书·爰延传》评论百姓们“但闻啬夫，不知郡县”，王梵志诗《当乡何物贵》云“当乡何物贵，不过五里官”[③]，都是对这一影响力的生动记述。而在中国古代乡级管理体系中始终存在一个独特的乡老或曰三老系统，《通典·乡官》就此有详细介绍：

① 韦凤娟：《从“地府”到“地狱”——论魏晋南北朝鬼话中冥界观念的演变》，《文学遗产》2007年第1期，第17页。
② 余欣：《神道人心——唐宋之际敦煌民生宗教社会史研究》，北京：中华书局，2006年，第123页。
③ 项楚：《王梵志诗校注》卷2，上海：上海古籍出版社，1991年，第129页。

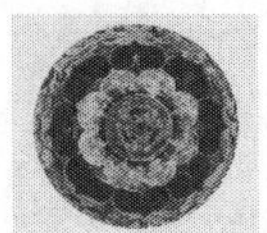

《周礼》有乡师、乡老、乡大夫之职，其任大矣。……秦制，大率十里一亭，亭有长；十亭一乡，乡有三老、有秩、啬夫、游徼。三老掌教化，啬夫职听讼，收赋税，游徼徼循禁盗贼。

汉乡、亭及官皆依秦制也。……至文帝十二年，又置三老及孝悌、力田，无常员。……

后汉乡官与汉同。……三老掌教化，凡有孝子、顺孙、贞女、义妇、让财、救患及学士为民式者，皆扁表其门，以兴善行。……

宋……十亭为乡，乡有乡佐、三老、有秩、啬夫、游徼各一人，所职与秦汉同。

大唐凡百户为一里，里置正一人，五里为一乡，乡置耆老一人，以耆年平谨者，县补之，亦曰父老。[①]

学术界目前普遍关注到了乡老、父老、耆寿在古代乡里社会中主管教化[②]。不过笔者认为，特定时代的社会环境下，乡老职权往往会出现超越教化的变动。我们以晚唐五代敦煌地区为例，在曹氏归义军中后期，敦煌县管辖十个乡，S.1366《归义军衙内面油破历》载“十乡老面二斗、油一升”，归义军地方政权向十个乡的乡老们供给油面，说明乡老亦是归义军政权的基层乡官。P.3633《辛未年（911）七月沙州百姓一万人上回鹘天可汗状》记载张承奉建立的金山国被甘州回鹘打败后，“狄银令天子出拜，即于言约。城隍耆寿百姓再三商量，可汗是父，天子是子。和断若定，此即差大宰相、僧中大德、敦煌贵族耆寿赍持国信、设盟文状，便到甘州”。展示出敦煌归义军乡老耆寿在处理政权外交事务上同样发挥着积极作用，而非仅限于教化乡里。类似情况同样发生在五代时期的武威，《旧五代史·外国传》载：“长兴四年，凉州留后孙超遣大将拓拔承谦及僧道士耆老杨通信等至京师”，表明耆老亦是五代凉州武威政权建构地方社会秩序必须仰仗的重要阶层。蒲慕州先生明确提出地下官僚所掌何事，大约亦比照地上之职掌[③]。古代墓葬中的“蒿里老人”即为中国帝制社会中乡老、父老、耆寿在冥界之翻版，与其说蒿里老人在地府职低而权重，毋宁说是传统基层乡老

① 《通典·职官十五》，北京：中华书局，1988年，第922—924页。
② 李浩：《论里正在唐代乡村中行政中的地位》，《山东大学学报》（哲学社会科学版）2003年第2期，第37页。
③ 蒲慕州：《墓葬与生死——中国古代宗教之省思》，北京：中华书局，2008年，第207页。

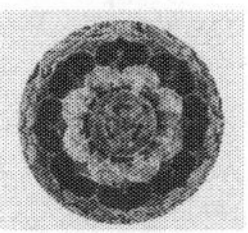

系统的重要作用与影响在古人死后世界中的一种精神延续。至于余欣先生提出以蒿里老人信仰为代表的“民生宗教”何以具有高度“凝固性”问题[①]，其实上述的爬梳亦可从某种角度对此作部分回答，即：所谓的凝固性，其实是一种持久性，而这种持久性正像蒿里老人信仰一样，主要导源于中国古代基层政体的稳固与持久。

敦煌术数文献有关蒿里丈人的书写提醒我们，古代蒿里老人信仰除受到现实基层官僚体制的影响外，该神祇对生者遣祟致疾的医史背景亦不应忽视。神鬼作祟乃是中国古代社会的主要病因观念之一，睡虎地秦简《日书》“病”篇已提出父母、王父、外鬼等为致病之祟：

> 甲乙有疾，父母为祟，得之于肉，从东方来，裹以漆器。戊己病，庚有间，辛酢。若不酢，烦居东方，岁在东方，青色死。丙丁有疾，王父为祟，得之赤肉、雄鸡、酒。……戊己有疾，巫堪行，王母为祟，得之于黄色索鱼、酒。……庚辛有疾，外鬼殇死为祟，得之犬肉，鲜卵白色。……壬癸有疾，毋逢人，外鬼为祟，得之于酒脯修节肉。（甲种）[②]

中古医界同样将其视为民众染疾罹患的致病之源。譬如《肘后备急方》认为“凡五尸即身中尸鬼接引也，共为病害”，“年岁中有疠气兼挟鬼毒相注，名为温病”[③]。《诸病源候论》指出卒忤死候肇自“客邪鬼气卒急伤人”；鬼注候系因“忽被鬼排击”；毒注候源于“鬼毒之气”；注忤候起自于“触犯鬼邪之毒气”；诸注候乃“卒犯鬼物之精”所致；小儿注候导自“为鬼气所伤”。《范汪方》“治鬼疟方”更是罗列了多种致病鬼魅：“平旦发者，市死鬼，恒山主之，服药讫持刀；食时发者，缢死鬼，蜀木主之，服药讫，持索；日中发者，溺死鬼，大黄主之，晡时发者，舍长鬼，麻黄主之，服药讫，持磨衡；黄昏发者，妇人鬼，细辛主之，服药讫，持明镜；夜半发者，厌死鬼，黄芩主之，服药讫，持车轸；鸡鸣发者，小儿鬼，附子主之，服药讫，持小儿墓上折草

① 余欣：《神道人心——唐宋之际敦煌民生宗教社会史研究》，北京：中华书局，2006 年，第 130 页。
② 李零主编：《中国方术概观•选择卷》，北京：人民中国出版社，1993 年，第 25—26 页。
③（晋）葛洪：《肘后备急方》卷 1，北京：人民卫生出版社，1983 年，第 18、19、37 页。

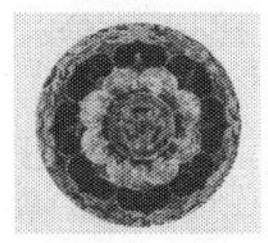

木。”此外还有客死鬼、盗死鬼、囚死鬼、寒死鬼、乳死鬼，等等[①]，其中某些鬼物与敦煌《发病书》所记完全相同。

《礼记·祭法》称“人死曰鬼”，“鬼有所归，乃不为厉”，故古人多希望进入地下世界的亡人能够“亡魂安稳”，大概因为乡老耆寿在古代基层发挥着稳定社会秩序的重要职能，从而把冥界社会秩序稳定的希望同样寄托于包括蒿里老人在内的地府官僚。于是乎《赤松子章历》卷五不仅强调“丘丞、墓伯、地下二千石、苍林君、武夷君、左右冢侯、地中司激、墓卿右秩、蒿里父老，诸是地狱所典主者”，而且要求众冥神需“严加断绝某家冢讼之气，复注之鬼”。冢讼，主要是亡人因种种原因，在冥界发动的针对生人的各种诉讼，冢讼发生后，会使生人生病；复注之鬼，则指鬼注，《肘后备急方》卷一言：“尸注鬼注病者，葛云：即是五尸之中尸注又挟诸鬼邪为怪也……死后复传之旁人，乃至灭门。”这样一来，以蒿里老人为代表的地府官僚就成为掌控冥界众鬼的关键，成为确保人鬼隔绝、人鬼分离的关键，否则类似“冢讼”与“鬼注”这样危害地上生者生命健康的危险就难免会发生。而在古人的思想观念中，冥界地府有着与现实人间一样的人情世故[②]。正因如此，所以如敦煌术数文献所描述的那样，一旦丈人等神祇“索食祀祭不了”（俄藏敦煌文献《天牢鬼镜图并推得日法》），就会通过各种方式向地上人间遣祟致疾；唯有像清泰四年曹元深为曹议金葬后谢墓祭神那样，“奉设微诚，五彩信弊（币），金银宝玉，清酒肥羊，鹿脯鲜果，三屠上味”献祭于众冥神，方能实现“死者得安，生者吉祥”。当然，对蒿里老人的不敬更是极度危险的，《地理新书》卷十五《送葬避忌》即认为：“丈人，去墓十二丈，犯之，主贫困，少子息。”[③]

蒿里老人关乎生者生命健康的观念，一直持续到近世，顾颉刚先生在20世纪20年代考察北京东岳庙时，曾注意到这座建成于元英宗至治二年（1322）的东岳行宫中有蒿里丈人祠堂[④]，至今祠堂正中端坐与武威西夏二号墓木板画“蒿里老人”相似一长者，门联左书“修镇崇道惠泽苍黎”，右

① ［日］丹波康赖著，高文铸等校注研究：《医心方》，北京：华夏出版社，1996年，第295—296页。

② 参见韦凤娟：《从“地府”到“地狱”——论魏晋南北朝鬼话中冥界观念的演变》，《文学遗产》2007年第1期，第18页。

③（宋）王洙撰，（金）毕履道、张谦整理：《重校正地理新书》影印北大图书馆藏金刻本，上海：上海古籍出版社，2002年，第116页。

④ 王煦华编选：《顾颉刚选集》，天津：天津人民出版社，1988年，第391页。

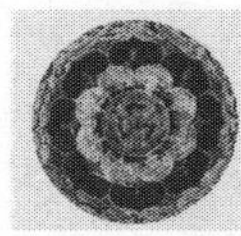

书“采药疗疴普济世众”，中挂“蒿里丈人”牌匾，堂内蒿里丈人头顶横披“悬壶在世”。这一历史遗存，充分证实了前述古代蒿里老人信仰具有医史背景的言说绝非虚构。武威西夏二号墓“蒿里老人”木板画似乎也应有着相似的历史文脉。

医疗社会史视野下的敦煌吐鲁番《发病书》研究

敦煌以及吐鲁番出土术数文献对疾病医患的记述较为密集，由于术数文献多是从民众日常所需的实用性出发编纂而成，相对于医学典籍而言，其对医事的诸多书写在某种程度上颇具有贴近历史场景的特性。华澜（Alain ARRAULT）先生曾探讨了敦煌历日及占卜书中"人神"等神祇与医学的关系[①]。然时至目前，学界尚未从医疗社会史视角对敦煌吐鲁番术数文献开展研究。本文拟在前贤研究基础上，尝试通过对以《发病书》为中心的敦煌吐鲁番术数文献医患书写的梳理，探寻唐宋之际敦煌吐鲁番出土术数文献有关疾病医疗的言说和在社会整体医疗活动中扮演的历史角色，推敲社会民众对疾患的理解和应对方式，并以此为契机，就这一时期的敦煌社会医疗概况作出考量，希望从医学以外的视角和区域个案的方式审视中古中国社会医疗的若干特质。

一、疾病与患状

敦煌《发病书》诸本中以尾题"咸通三年（862）壬午岁五月写发病书记"的P.2856最为完整，该书"推年立法"、"推得病日法"、"推初得病日鬼法"等篇目对问卜者在不同时段下的罹患之病作有集中的描述，具体内容有如表1。

表1　P.2856诸篇目所见不同时段病情表

	推年立法	推得病日法	推初得病日鬼法
子年 / 日	病者惟苦头痛，谈吐逆，食不可下，胸肋疼痛，恍惚有时	病者为人黑色，头痛热，来去有时脚沉重，五藏不通，心腹胀满，呕吐	四支不举，五藏不流，水肿大腹，半身不随，令人暴死
丑年 / 日	病者惟苦头痛，心腹满，胸肋短气，寒热有时，饮食不下，身唤，咽喉干，四支烦痛	头痛，及足、鼻、口干惨，百节尽，四支不举，令人噎寒，夙冥不随	令人噎寒，身体、头目痛，暴死

① ［法］华澜：《9至10世纪敦煌历日中的选择术与医学活动》，《敦煌吐鲁番研究》第9卷，北京：中华书局，2006年，第425—448页。

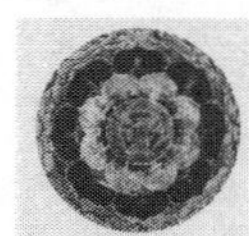

续表

	推年立法	推得病日法	推初得病日鬼法
寅年／日	病惟苦头痛，胸肋满，短气，见血，恍惚，不食	青色人痛胸肋，痛激急，咽喉不利，来去有时	多言语，手足不随，目不见物，日污流出
卯年／日	病者惟苦头痛，咽项强，心腹满，四支烦疼，食不下，吐逆	青色人患胸肋、头及手足痛，藏□，□狂言，失魂	使人狂病，令人多唤，藏头掩口入人家，失火，狂语，恍惚不安
辰年／日	惟苦头痛，心腹胀满，腰背柱强，手足不仁，身躯热，卧不安，梦悟颠倒，食饮不下，饮食不下，手足烦疼	为人黄色，头痛，心腹胀满，手足扶（浮）肿，久有疮缠痛，寒热乍来乍去，令人吐逆，有时目视冥冥	令人吐逆，寒热来去，头痛手冷，目疼不视冥冥
巳年／日	病者惟苦头痛，心腹满，咽喉不利，乍寒乍热	病人为人黑，颈项强直，手足烦痛，少气力，忧折	令人断（短）气忌胸肋，吐血，心腹、百节疼，身鸣
午年／日	病者惟苦头痛，四支腰脊咽喉不利，乍寒乍热，吐逆，饮食不下	其病人赤色，头项强直，咽喉不利，四支不举，饮食不下，乍寒乍热，起卧不安	令人狂，失音，恍惚，日视物冥冥，患唤身踵（肿）
未年／日	病者惟苦头痛，四支腰背，咽喉不利，乍寒乍热，吐逆，饮食不下	寒热，腰背痛，心中恍惚，狂言，大小便难，令人吐逆，好食生吟	令人吐，喉咽悲歌或好唤，非时食生肉，朝差暮剧
申年／日	惟苦头痛，心腹胀满，四支不举，饮食不下	病者头痛乍寒，来去有时，身体生疮见血，手痛口噤	令人痴哑，慎寒热，言语訏，出初瘤蝦寒
酉年／日	病者惟苦头痛，股中急，心下两肋痛，吐逆，饮食不〔下〕，乍来乍去，手足烦疼	头痛，胸肋腰背痛，断（短）气吐逆，四支烦乱，不别亲疏	令人狂癫，四支沉乱，不别亲疏
戌年／日	病者惟目耳痛，孔穴不利，咽喉不通，吐逆不食，心腹胀满，身唤不眠	头目、腰背、胸肋胀满，咽喉不利，短气吐逆，四支重，乍寒乍暖	病人腹满，耳聋，恶口
亥年／日	病者惟苦头痛，胸肋胀满，手足激急，四支不觉，乍差乍剧不利，心腹热闷	头痛，手足烦痛，心腹热闷	令人半身不随，污不利

依据表 1，P.2856《发病书》见载的主要病征有头痛，四肢烦痛，吐逆不食，心腹胀满，咽喉不利，短气，腰背痛，胸肋痛，乍寒乍热，目痛耳聋，狂癫，半身不遂，生疮见血，五藏不通，水肿、浮肿，股中急，大小便难，噎寒，等等。与《发病书》相比，敦煌《禄命书》对病患的记载则显得较为零散、不集中，但大多数病征与 P.2856《发病书》基本相近，为《发病书》所未见者有“腹肚痛”（Дx.02800、Дx.03183）、“疥患者在腹在头”（P.2842V）、“患注风……患气、伤折……有病合患腰膝”（P.3066）、“患偏风”（P.3175）、“患心肠要（腰）背冷，主肠水大肿”（P.3838）等。

《发病书》等敦煌术数文献的病患书写具有两大特点：一是“一卜多症”，同一占卜下往往会预测出多个病患；二是疾病名称与病状患处的描述相混杂，即病、征相杂。这些特点在其他敦煌术数文献中亦有反映，如P.2859《五兆要决略》“卜病在何处”与“病状法”条载：“假令甲乙日卜得木兆，患头颈头、咽喉。丙丁日卜得火兆，患其胸、乳。戊己日卜得土兆，患其腹、腰、脊。庚辛日卜得金兆，患其主股、脚。壬癸日卜得水兆，患主手、足。……木兆克土，臃肿风病。土兆克水，眩眼暗闭。水来克火，乍寒。火来克金，身肚腰灼烂生疮。金来克木，躯支急，骨节痛。”就前者而言，固然存在术者有意将疾病不确定、以避免预测和实际事实不符尴尬发生的目的，也就是所谓要确保“命中率”[①]，但仍不得不考虑病家染疾时往往具有多种病患体征的事实。至于后者，则更具有贴合中古医学与受众的文脉特征。要为问卜者提供以生命健康、疾病医患为中心的预测咨询，占卜书在有关疾患的描述上势必需作两方面的兼顾：一是行文语言应符合所处时代的医学语境，否则难以为问卜者所信服；二是要考虑问卜者的接受力，过于专业的医疗术语同样也不能为其所理解。《发病书》的病患书写，其实与中古时期医书药方对疾病的记述基本相近、区别不大，中国传统医学的诊断主要是根据病患的体征，所诊断的疾病名称也多是症候的名称，如孙思邈《备急千金要方》卷一“治病略例第三”称：“夫百病之本，有中风伤寒，寒热温疟，中恶霍乱，大腹水肿，肠澼下痢，大小便不通，贲豚上气，欬逆呕吐，黄疸消渴，留饮癖食，坚积癥瘕，惊邪癫痫鬼疰，喉痹齿痛，耳聋目盲，金疮踒折，痈肿恶疮，痔瘘瘤瘿。”[②]特别是在魏晋隋唐官方与民间力量努力扩大医学知识传播力度、方便民众医疗的背景和初衷下，这一时期的民间医书逐渐形成了重实用、轻理论、简便易行的特点[③]。对于普通民众而言，虽并不一定能够真正实现“家有此方，可不用医”的效果，但“对症下药”的理念却应为其所熟知，敦煌医药文献就大多强调病症和对应之药方，如S.9987《备急单验药方卷》：“若胸背腹满气急，体肿，喘息不续，或□气……杏人（仁）二分，去皮尖及双人（仁）……又方：一切偏风，半身不随，手不上头方：羌活三两；升麻三两；桂心三两，

① 唐人李匡义《资暇集》卷中称：“符子云：齐有好卜者，十而中五，邻人不好卜，常反之，亦十中五，与不卜等耳。”可证古代占卜的偶然性之大。
② （唐）孙思邈：《备急千金药方》卷一，北京：人民卫生出版社，1955年影印本，第2页。
③ 参见于庚哲：《“然非有力 不能尽写”——中古医籍受众浅论》，《陕西师范大学学报》（哲学社会科学版）2008年第1期，第78—87页。

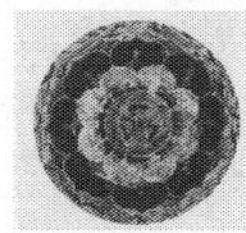

切。以水四升，煮取一升半，顿服令尽。”[①]P.2115《张仲景五藏论》亦有类似言说：“河内牛膝，疗膝冷而去腰疼。上蔡防风，愈头风而廖胁痛。晋地龙骨，绝甘利而去头痛，……泽泻、茱萸，能使耳目聪明；……蔷薇却其疥癣，……通草巧疗耳聋，石胆惟除眼膜。……呕吐汤煎乾葛，筋转酒煮木瓜。目赤须点黄连，口疮宜含黄檗，……蛇蜕、绿丹，善除癫痫之用。……黄连断痢除痔，……白术槟榔，有散气消食之效。……仙灵脾草能去腰痛，然后忘杖归家。天鼠煎膏巧疗耳聋，……羚羊角通噎驱邪，青羊肝疗肝明目。……水肿惟须大戟。……患眼宜取蕤仁，……石南除去诸风。”[②]所以就此角度来看，敦煌《发病书》的疾病描写并没有脱离当时的医学语境，甚至与包括敦煌地区在内的中古社会淡化医理、方药便民的医疗理念颇多贴近，这应是《发病书》等关涉疾病的占卜书能够在当时大行其势的重要原因之一。

二、病因观

关于产生疾病的原因，敦煌《发病书》有多种解释，在一定程度上反映了时人对致病之源的理解，这些病因观概括而言主要有以下三者。

1. 神鬼作祟

如P.2856《发病书》载：“年立未……乍来去，朝差暮剧，祟在天神不赛，西南角土公所作，鬼兵、蛟死、不葬鬼、溺死鬼，解之吉。”作祟之神鬼大致可分为天神、地祇、人鬼三类，包括：天神、司命、六壬十二神、北君；土公、社公、山神、水神、树神、灶君、丈人、宅神；祖父母、兄弟鬼、狱死鬼、客死鬼、断后鬼、不葬鬼、星（腥）死鬼、溺死鬼、寡妇鬼，等等。早在汉代以前古人已将若干疾病归咎于神鬼作祟，敦煌《发病书》、《禄命书》见载作祟鬼神仍有部分与之相延，例如湖北包山二号楚墓墓主邵𠶹疾病祭祷的对象即为司命、社、直系祖先等[③]；而最能体现这种观念久远与延续性的莫过于睡虎地秦简《日书》“病”篇相关记载，该篇不仅指出父母、王父、外鬼

① 王淑民：《敦煌〈备急单验药方卷〉首次缀辑》，《中华医史杂志》2001年第1期，第48—52页。
② 马继兴等辑校：《敦煌医药文献辑校》，南京：江苏古籍出版社，1998年，第60—63页。
③ 湖北省荆沙铁洛考古队编：《包山楚简》，北京：文物出版社，1991年，第3—14页。

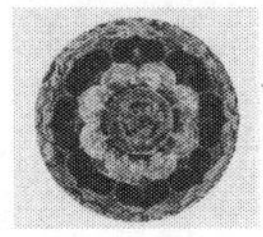

等为致病之祟，而且还提到了引发鬼魅作祟的缘由：

> 甲乙有疾，父母为祟，得之于肉，从东方来，裹以漆器。戊己病，庚有间，辛酢。若不酢，烦居东方，岁在东方，青色死。丙丁有疾，王父为祟，得之赤肉、雄鸡、酒。……戊己有疾，巫堪行，王母为祟，得之于黄色索鱼、酒。……庚辛有疾，外鬼殇死为祟，得之犬肉，鲜卵白色。……壬癸有疾，毋逢人，外鬼为祟，得之于酒脯修节肉。[①]

睡虎地秦简《日书》（乙种）还有一种按照十二地支顺序的类似记述，如“子以东吉，北得，西闻言凶，朝启夕闭，朝兆不得，昼夕得。以入，见疾。以有疾，辰少瘳，午大瘳，死生在申，黑肉从北方来，把者黑色，外鬼父世为眚，高王父谴谪，豕（后缺）”[②]，学界目前在睡虎地秦简《日书》有关鬼魅作祟致疾的认识上是一致的，但对“得之于肉”、“黑肉从北方来”的理解尚存在争议，刘乐贤先生认为某日得病是由于从某方携带来的酒肉中有鬼魂附体，将病由归于食物[③]；日本学者工藤元男先生认为占辞中反映的直接病因是奉给祖庙中祖先的牺牲和供食[④]；王子今先生的观点与工藤氏相近，并进一步指出：“这样的理解似乎可以成立，即这些物品对于‘父母’、‘王父’、‘王母’、‘外鬼伤死’等有某种妨害，于是导致其作祟，从而致使生人患病。”[⑤]笔者比较认同王子今先生的观点，但这些食物为何会对祖先鬼神产生伤害呢？敦煌P.2856《发病书》“推年立法”中的一段占辞提供了解决这一问题的重要线索，文曰：“年立子人，忌十一月、五月，带此符大吉。年立子，黑色人衰，……祟在君、土公、丈人、司命、星死鬼，旦以大神食不净，病从南北因酒食中得。”该文卜疾求祟的占卜文例与睡虎地秦简《日书》可以说基本一致，其文义大概可作这样理解：司命、土公等大神因食用了来自南北方向的不净食物，进而为害生人，使其罹患。而接下来需要继续追问的是，占文将来自南北的酒食视作不净之物的理由何在？笔者认为这或许和古代术数文化中的避旺禁

① 李零主编：《中国方术概观·选择卷》，北京：人民中国出版社，1993年，第25—26页。
② 李零主编：《中国方术概观·选择卷》，北京：人民中国出版社，1993年，第67页。
③ 刘乐贤：《睡虎地秦简日书研究》，台北：文津出版社，1994年，第376—377页。
④ [日] 工藤元男：《睡虎地秦简〈日书〉中的病因论与鬼神之关系》，《东方学》第88期，1994年。
⑤ 王子今：《睡虎地秦简〈日书〉甲种疏证》，武汉：湖北教育出版社，2003年，第183页。

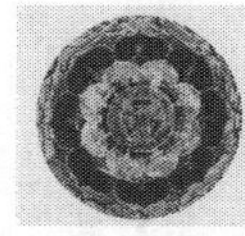

忌有关，这种观念认为同一五行属性下的颜色、方向、人或物等彼此之间不宜发生联系，否则会“犯冲”。《发病书》中的“年立子人”，子对应方位为北方、对应颜色是黑色，那么按照避旺原则，自然会导致“黑色人衰”、来自北方的食物不净之结论；至于“推年立法”将“南方”增添于其中，这应是对五行生克术数原理的兼顾。可以看到，前揭睡虎地秦简《日书》与《发病书》“推年立法”在致疾祟源的推断上基本是同理，如丙丁有疾，丙丁对应方位与颜色是南方、赤色，所以“得之赤肉、雄鸡、酒”；子有疾，子对应方位与颜色是北方、黑色，所以“黑肉从北方来，把者黑色”。如若以上论说不误的话，那么睡虎地秦简《日书》有关病源的逻辑推论应如下述：食物因与对应之人（或祖先）犯冲导致“不净”→祖先神鬼因食用不净之物进而作祟→神鬼作祟致使生人患疾。当然这一观点能否成立还有待学界的检验，但敦煌《发病书》在病因观、术数逻辑上与秦简《日书》的连贯性却是毋庸置疑的，这种连贯性的背后展示出了神鬼致疾的病因观在古代社会中的牢固与持久。

敦煌《发病书》所载鬼神为敦煌民众所普遍敬畏，例如土公禁忌在敦煌宅经文献P.2615a《诸杂推五行阴阳等宅图经》、P.2964《凡四邻造作及自家泥垒犯触转为福法》、P.3594《推五姓墓月法、用石镇宅法等（拟）》、P.3602V《宅内伏龙法》之中即多有规定，S.5637《入宅文》亦言“现建功毕，祈合吉微，或恐惊动土公，轻触神符，凡力非能消伏，圣德可殄除，故就新居，虔诚妙供”。敦煌佛教界对其同样甚惧，S.3427c《谢土地太岁文（拟）》曰“或因修造，展拓伽蓝，触犯土公……伏愿发欢喜心，不生嗔怒，各居本位，拥护僧田。灾障永除，延年益算”。敦煌民众对出自非正常死亡的鬼魅作祟致疫的担忧，在抄于曹氏归义军时期的S.3914《结坛发愿文》中更是展露无遗：“遂使随蕃落井，伤煞孤魂；失土离乡，奔波绝户。或是从军北战，殁殒沙杀场；或是谓讨略南征、身埋弃世，奉公东使、逢贼云亡……并愿听经声来就道场，逐铃音而降法会；怙福霑利，领受钱财。灯光照引于善途，梵呗通驰于香积。转生天路，速处莲花，莫恼害我敦煌，弃灾星于境外。”①

在敦煌地区，鬼神作祟致疫的病因观绝非仅体现在汉文本占卜书之中，敦煌古藏文占卜书亦有同类书写，如I.O.ch.9.II.68《十二钱卜法》：“卜问病人，

① 黄征、吴伟：《敦煌愿文集》，长沙：岳麓书社，1995年，第594—597页。

有邪魔、女妖加害。”[①]Vol.55.fol.6《占卜书》：“问病人，人神、桃郎地仙结伴相缠，行大仪轨，许大愿。”[②]这说明敦煌地区的吐蕃移民同样持有鬼神致病的观念与卜筮求祟的风习。

此外，明清时期曾有一种病因观认为人体被所谓“鬼箭”射中即致疾病，明高启《神弦曲》称“雌狐学拜戴髑髅，鬼箭射创血洒秋”。清史震林《西青散记》卷一载“西邻小鬼逢鬼箭，仆地不苏颜色变”。而该种病因观在敦煌吐鲁番《发病书》中即已被记录，P.2856《发病书•推五子日病法》载：“寅日病者，以鬼箭射着（？）人腰，吞此符。……卯日病者，鬼箭射着臂入深，吞此符吉。……辰日病者，以鬼箭射头，送太山，宜吞此符吉。……巳日病者，赤索缚，鬼箭射人胸入深，吞此符。……午日病者，以鬼箭射着病人心深难差，〔吞〕此〔符〕。……未日病者，以鬼箭射病人心腹，不死，宜吞此符。……申日病者，以鬼箭射着人要胯，〔不〕死，吞此符。……戌日病者，以鬼箭射着腰，宜吞此符。……亥日病者，鬼箭射人脚，吞此符。”吐鲁番出土发病书Ch.468（T II D 287）《推五子日病法、反支法等占法抄（拟）》亦有“来去鬼剪射病人背”的说辞。这表明，“鬼箭”致疾的病因观早在唐代就已存在和流行。

2. 动土修造触犯禁忌

敦煌本P.2830《推人游年八卦图/法》载：“修灶不次，故使口病……其年病者，坐为动土。……祸害在坎，其年病者，坐为治北方屈并厕。”由于古代各种禁忌的盛行，故时人普遍认为动土修造时不仅要规避各方神祇，而且也须极力遵循时间、空间、行为举止等层面的既有之拘禁，否则就会引来疾病灾患等不幸。王充《论衡•讥日篇》虽对此迷信早作批驳：“举事若病死灾患，大则谓之犯触岁月，小则谓之不避日禁。岁月之传既有，日禁之书亦行，世俗之人，委心信之；辩论之士，亦不能定。是以世人举事，不考于心而合于日，不参于义而致于时。时日之书，众多非一，略举较著，明其是非。使信天时之人，将一疑而倍之。夫祸福随盛衰而至，代谢而然。举事曰凶，人畏凶有效；曰吉，人冀吉有验。祸福自至，则述前之吉凶，以相戒惧。此日禁

---

① 陈践：《敦煌藏文ch.9.II.68号“金钱神课判词”解读》，《兰州大学学报》（社会科学版）2007第3期，第4页。

② 王尧、陈践编著：《敦煌吐蕃文书论文集》，成都：四川民族出版社，1988年，第114页。

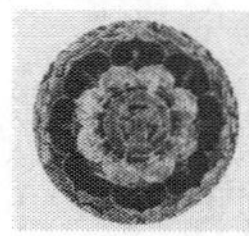

所以累世不疑，惑者所以连年不悟也。”但“人不忌避，有病死之祸”的观念仍深植于中国古代社会。敦煌地区亦不例外，敦煌本宅经 P.2615a《诸杂推五行阴阳等宅图经》曾逐次规定门、灶、厕等居处修造时的禁忌及其与疾病健康的关系：

门：“在定，家多病。……门当户，家多病。”

井：“在未，疾病刑人。在申，多病。……井不得故，令人失明。……井在勾陈上，出狂。七月井在灶北，出盲子。井在白虎上，家长腹病见血。”

灶：“在酉，不宜子孙，癫病兵死。……凡灶门……向东开，多疾病。……凡灶前不得唱歌，令人多病。……凡鳞（磷）火着水中，令人小儿头上生疮小发。……凡人不得以脚进火，令人体上生疮。”

厕：“在申，令人腹痛。……厕内着灰，淋病。”

碓磨：“在卯，出温（瘟）病。……在申，令人腹痛。……入门见碓，出癫狂病人。”

水渎：“水渎西北流，出上气病。……水渎北出，流腹尸（失）血。……流出未地，有患人。”

猪栏：“在西南角，疾病多痛。猪兰（栏）〔在〕西北角，数病多。”①

除住宅居处外，S.5645《司马头陀地脉诀・寺观图记》“丑未位悬，主僧尼之□病”，意为寺院动土修造时，如不遵循卜术，同样会导致僧尼罹患，这大概是敦煌寺院、佛堂建造前都要占卜一番的动因之一。在违忌罹病言说的笼罩下，敦煌民众患疾或久治不愈时，往往将致病之源追溯于此，S.6417《父患文》记述某都头“染疾经旬，良药频施，不蒙痊退”，而导致这种情况的重要原因，其文认为就是“或营舍宅，动土兴功；伐树斫材，冒犯灵圣”。②P.2624《安宅祷神文》同样认为“主人比年以来，婴□（病），唯言宅舍虚耗，龙神不定”。当违忌成为民众病因观之一、而这些禁忌又为各种术数所承载时，人们的社会活动难免就会有意或无意地为当时流行之占卜术数所掣肘，以求避疫免灾。敦煌文书《康再荣建宅文》谈到在修建宅宇时即曾遵循着“甲乙青龙扶左胁，庚辛白虎从右相，丙丁炎君南广，壬癸冰水□□□，戊己中官无

① 陈于柱：《敦煌写本宅经校录研究》，北京：民族出版社，2007年，第265—269页。

② 黄征、吴伟：《敦煌愿文集》，长沙：岳麓书社，1995年，第705页。

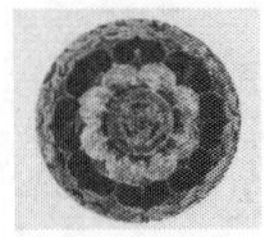

住处，将来分配入四乡，辰戌丑未押四角，震兑二住守魁刚”等术数之说，其目的当然是希望能够“梦寐吉祥，无诸中夭，寿命延长，百病除愈，身体轻强”[①]。

3. 吊丧问病

P.2830《推人游年八卦图（法）》载“绝命在震，忌二月卯日，其年病者，坐为东方吊丧问病”。“吊丧问病”或言“吊死问病”、“吊问”，主要指吊唁丧家、看问病者，据学界研究，中国古代的疾病传播观念认为接触患者或者患者的居住环境、灵柩都会导致疾病的传播[②]。此种病因观起源早、影响广，睡虎地秦简《日书》乙种的“病”篇即已记载：“凡酉、午、寅，以问病者，必代病。”[③]江陵岳山秦牍《日书》也称：“寅、卯不可问病者，问之必病。”[④]即便是病者亲友，为避免染疾，也少有自愿主动照顾者，“商州有人患大风，家人恶之，山中为起茅舍”[⑤]即是其真实写照。唐宋之际敦煌地区吊问致疾的观念可能较为浓厚，因为与之相呼应的“吊问”禁忌在敦煌术数文献中多被言及，敦煌禄命书 P.3066《推人行年命算法（拟）》载“年五十八，男立癸亥，忌十月四月，所作不成，口舌竞起，吊死问病凶，算尽”。敦煌葬书 P.3647《推权殡法、入地深浅法等》规定“大吉加月建，魁罡下人当月内不得送丧吊死。……月建加死时，妨魁罡下人，不得吊丧送”。在晚唐五代敦煌地区多族群共存、混居的背景下，吊问禁忌对当地粟特、印度、吐蕃等群体亦有所渗透和影响，敦煌汉文本禄命书 P.3398《推十二时人命相属法》曾强调：

> 未生羊相人，命属武曲星，……大厄丑未之年，小厄六月十二月，忌吊死问病。秋冬生富贵，春夏生自如。四子上相，三子力。其人本是安国人，前世为破斋，遂来至此生。

---

① 罗福苌编：《沙州文录补》，冯志文主编：《中国西北文献丛书续编》“敦煌学文献卷”，兰州：甘肃文化出版社，1999 年，第 503 页。

② 参见陈昊：《汉唐间墓葬文书中的注病书写》，《唐研究》第 12 卷，北京：北京大学出版社，2006 年，第 290 页。

③ 李零主编：《中国方术概观·选择卷》，北京：人民中国出版社，1993 年，第 69 页。

④ 王子今：《睡虎地秦简〈日书〉甲种疏证》，武汉：湖北教育出版社，2003 年，第 182 页。

⑤（唐）张鷟：《朝野佥载》卷 1，北京：中华书局，1979 年，第 2 页。

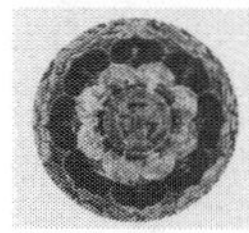

> 酉生鸡相人，命属文曲星，……大厄卯酉之年，小厄二月八月，忌吊死问病。秋冬生富贵，春夏生自如。其人元是天陁罗国人，前身为破斋，遂来此生。

敦煌藏文本 P.T.127《禄命书》主要是以敦煌吐蕃裔民为信仰对象，占文同样多次提出须规避“吊问”，例如：

> 虎年生人，北斗七星中“当囊僧旺”东方青帝之子，于基涅地方修法不成，落于自身（虎身）；……虎猴不合，孟春月、孟秋月不宜探病与吊唁。[①]

在时人普遍相信吊问可致疾、并多采取吊问禁忌的隔离性措施的氛围中，难免会造成疾疫相染与孝义伦理间的社会紧张[②]。从以上敦煌术数文献的记述来看，敦煌社会此类紧张的发生势必也在所难免。不过据现有资料判断，敦煌地区避疫自保和伦理孝义间的冲突程度很可能并不剧烈，一方面术数系统提供有种种避疫之术，如州学上足子弟尹安仁所写的 P.2661《诸杂略得要抄子一本》建议“欲至病人家，手中作鬼字；欲至丧家，手中作罡字”，或能安抚敦煌民众对吊问染疾的恐惧；另一方面唐宋之际敦煌地区的僧俗各界普遍实行火葬，如 S.086《淳化二年（991）马丑女回施疏》载：“奉为亡女弟子马氏名丑女，从病至终……葬日临圹焚尸。”P.2040V 载：“油四升，吴僧统和尚收灰骨造顿用。”P.2032V 载：“吴僧统和尚收灰骨人事用……面一硕三斗五升，吴僧统收骨灰造顿用。”P.4974《神力状》载：“回鹘贼来之时，不幸家兄阵上身亡，缘是血腥之丧，其灰骨将入积代坟墓不得……出价买得半亩，安置亡兄灰骨。”对尸体采取火葬的处理方式，虽并不一定完全是以传染病预防为初衷，而更多出自佛教或祆教信徒的宗教信仰[③]，但这一方式的普遍实行，无疑在客观上降低敦煌地区疫病爆发与传播几率的同时，也有效地减轻了民众吊

① 罗秉芬、刘英华：《敦煌本十二生肖命相文书藏汉文比较研究——透过十二生肖命相文书看汉藏文化的交融》，《安多研究》第 2 辑，北京：民族出版社，2006 年，第 1—27 页。

② 张嘉凤：《“疾疫”与“相染”——以〈诸病源候论〉为中心试论魏晋至隋唐之间医籍的疾病观》，载李建民主编：《生命与医疗》，北京：中国大百科全书出版社，2005 年，第 421—427 页。

③ 谭蝉雪：《三教融合的敦煌丧俗》，《敦煌研究》1991 年第 3 期，第 72 页。据张云引俄国中亚学家巴托尔德的研究，认为中亚祆教流行火葬，即盛骨瓮收埋骨灰（参见张云：《上古西藏与波斯文明》，北京：中国藏学出版社，2005 年，第 206 页），而敦煌地区信仰祆教的粟特裔民较多，因此我们有理由相信敦煌火葬丧俗的流行或有祆教力量的推动。

唁时的心理恐慌，从而使之在防疫自保与世俗人情间得以兼顾。

神鬼作祟、动土修造、吊丧问病的病因观，绝非仅为术数文献所特有，中古医界同样将上述三者视为民众染疾罹患的致病之源。譬如《肘后备急方》认为“凡五尸即身中尸鬼接引也，共为病害”，“年岁中有疠气兼挟鬼毒相注，名为温病”①。《诸病源候论》指出卒忤死候肇自“客邪鬼气卒急伤人”；鬼注候系因“忽被鬼排击”；毒注候源于“鬼毒之气”；注忤候起自于“触犯鬼邪之毒气”；诸注候乃“卒犯鬼物之精”所致；小儿注候导自“为鬼气所伤”。《范汪方》“治鬼疟方”更是罗列了多种致病鬼魅：“平旦发者，市死鬼，恒山主之，服药讫持刀；食时发者，缢死鬼，蜀木主之，服药讫，持索；日中发者，溺死鬼，大黄主之，晡时发者，舍长鬼，麻黄主之，服药讫，持磨衡；黄昏发者，妇人鬼，细辛主之，服药讫，持明镜；夜半发者，厌死鬼，黄芩主之，服药讫，持车轸；鸡鸣发者，小儿鬼，附子主之，服药讫，持小儿墓上折草木。”此外还有客死鬼、盗死鬼、囚死鬼、寒死鬼、乳死鬼，等等②，其中某些鬼物与敦煌《发病书》所记完全相同。敦煌医书对此也有类似记载，如P.2882V《天宝七载张惟澄奏上杂疗病方残卷》：“其药治……鬼气、……妇人不肥，梦与鬼交。……疗丈夫……邪鬼魅。”③敦煌胡语医书《耆婆书》“卍字解毒剂”同样认为：“这副药要用于哪些疾病之中。在〔患上〕诸精灵、诸天、乾达婆、夜叉、饿鬼、凶恶的罗叉所导致的疾病时，应该把此阿伽陀药涂在前额上。用了该药，一切起尸鬼和妖魅都被降伏，而且蛊道也能（被）解除。旨在消除所有鬼魅（Grahas），而不论其是多么可怕。”④关于修造触忌致疾，《诸病源候论》也认可此说，其中“土注候”明确认为：“夫五行金木水火土，六甲之辰，五行五藏之主，其所禁忌，尤难触犯。人有居住穿凿地土，不择便利，触犯禁害，土气与人血气相感，便致疾病。其状，土气流注皮肤，连入腑脏，骨节沉重，遍身虚肿，其肿自破，故谓之土注。”⑤吊问染患的病因观同样为医界遵循，《诸病源候论》专论：“死注，人有病注死者，人至其家，

① （晋）葛洪：《肘后备急方》卷1，北京：人民卫生出版社，1983年，第18—19、37页。
② ［日］丹波康赖著，高文铸等校注研究：《医心方》，北京：华夏出版社，1996年，第295—296页。
③ 李应存：《敦煌佛儒道相关医书释要》，北京：民族出版社，2006年，第64、70页。
④ 陈明：《殊方异药：出土文书与西域医学》，北京：北京大学出版社，2005年，第311页。
⑤ （隋）巢元方撰，丁光迪主编：《诸病源候论校注》，北京：人民卫生出版社，1991年，第714页。

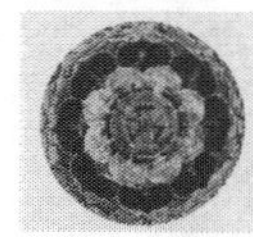

染病与死者相似，遂至于死，复易傍人。……丧注，人有临尸丧，体虚者则受其气，停经络腑藏。若触见丧柩，便即动，则心腹刺痛，乃至变吐。”[①]《耆婆脉决经》也规定：“凡戊日不见病人，巳日不问病者。”[②]据此可见，敦煌术数文献所阐发的病因观，虽有延续秦汉术数文化的面向，但同时亦为中古医学所普遍秉承，术数与医学在致病之源上的共识性，无疑是前者能够长期“合法”地活跃于古代医疗领域的又一重要原因。

三、医疗手法与宜忌

敦煌吐鲁番《发病书》提出的疗疾手法较为丰富多样，并依卜术的不同而各异，具体主要包括如下诸种。

1. 符咒呼名

P.2856 中的“推年立法”、“推初得病日鬼法”、“推五子日病法”，以及 S.6216 均绘制有形式不同的疗病符，其用符方式多端，有佩戴，吞服，贴着门户、床卧处、额上、颜上，等等，同时配合“急急如律令”之咒语。其中“推初得病日鬼法”还描述了画符禳疾的方法：“卜男女初得病日，鬼名是谁，若患状相当者，即作此鬼形，并书符厌之，并吞及着门户上，皆大吉，书符须用朱砂，闭气作之。”与之相类似者还有 P.3556V《发病书·推十干》：“甲乙日病者，鬼姓起名天保，令人头疼，以十青纸身，呼名求之吉。丙丁日病者，鬼姓田名良，令人吐逆，以赤纸身，呼名求之差。戊己日病者，鬼姓冯名□言，令人恍惚，以黄纸身，呼名求之差。庚辛日病者，鬼姓名□□，令人心痛，以白纸身，呼名求之吉。壬癸日病者，鬼姓田名□□，令人狂，以黑纸身，呼名求之差。”所谓“以青纸身”等，据 S.P.6《乾符四年（877）具注历日》所载“推十干得病日法”来看，似意为在十天干各自对应五色的纸钱上绘写相应鬼形与鬼名，并加以呼名解送，如 S.P.6 曰“甲乙病者，鬼起天宝东来，呼名，青纸解送即差，甲乙鬼形（注：后绘一鬼）。……戊己日病，鬼名冯有言，书名黄纸钱财，送之便差，戊己日鬼形”。该救济礼俗起源甚早，《抱

---

①（隋）巢元方撰，丁光迪主编：《诸病源候论校注》，北京：人民卫生出版社，1991 年，第 707 页。
②［日］丹波康赖著，高文铸等校注研究：《医心方》，北京：华夏出版社，1996 年，第 81 页。

朴子内篇•登涉》曾载："道士常带天水符、及上皇竹使符、老子左契及守真一思三部将军者，鬼不敢近人也。其次则论百鬼录，知天下鬼之名字及《白泽图》《九鼎图》，则众鬼自却。"①

2. 五行相厌

在P.3402V、S.6196《发病书》看来，五行厌克亦是一种疗疾术，文称：

金日病者，男凶女吉，金是白虎，故知男凶女吉，以火着病人头边吉。

木日病者，男〔吉〕女凶，木是青龙，故知男吉女凶，以金着病人头边吉。

水日病者，男吉女〔凶〕，水是玄武，故知男吉女凶，以土着病人头边。

火日病者，男凶女吉，火是朱雀，故男凶女吉，以水着头边。

土日病者，男凶女吉，土是勾陈，故知男凶女吉，以土着病头边。

文中的五行之物，可能更多是作为一种象征，并由此可推衍至五行之方位、时日、药品等，这在古代巫者、医家的医疗实践与理论中均被提及。《晋书•艺术传》载："王导遇病，召（戴）洋问之。洋曰：'君侯本命在申，金为土使之主，而于申上石头立冶，火光照天，此为金火相烁，水火相煎，以故受害耳。'导即移居东府，病遂差。"《乙巳占》卷十"候丧疾"："人君欲救百姓疾疫之法：春以已角之日，户曹出行，疾病未到，治坛救；白羊、大白鸡、禳之，则天气消除，虽病不伤。"②《抱朴子内篇・仙药》载："若本命属土，不宜服青色药；属金，不宜服赤色药；属木，不宜服白色药；属水，不宜服黄色药；属火，不宜服黑色药。以五行之义，木克土，土克水，水克火，火克金，金克木故也。"③《备急千金要方》卷二九"针灸上・太医针灸宜忌第七"："木命人行年在木，则不宜针及服青药。火命人行年在火，则不宜汗及服赤药。土命人行年在土，则不宜吐及服黄药。金命人行年在金，则

---

① 王明：《抱朴子内篇校释》，北京：中华书局，1980年，第308页。
② 李零主编：《中国方术概观・占星卷》，北京：人民中国出版社，1993年，第177页。
③ 王明：《抱朴子内篇校释》，北京：中华书局，1980年，第190页。

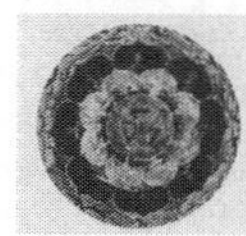

不宜灸及服白药。水命人行年在水，则不宜下服黑药。凡医者不知此法，下手即困。若遇年命厄会深者，下手即死。”[①]可见中古医界不仅注重五行在医疗禁忌中的使用，而且亦以禄命术中的本命行年之说为基础。此种禄命、五行、服药禁忌相结合的医疗形态在敦煌汉、藏文禄命书《推十二时人命相属法》中同样有所体现，如：“子生鼠相人，命属北方黑帝子，……有病宜复（服）黑药”（P.3398）、“鸡年生人……即西方白大帝之子……服药宜白色”（P.T.127）。

3. 人形代厄

敦煌《发病书》记载了一种以“代人”除疾的疗法，P.2856《发病书·推得病日法》称：

子日病者不死……鬼字伯扶……去舍九十步许，坏神屋中，柏米火人遣送，辰日小差，午日大差。

丑日病者小困……鬼字长卿……去舍十二步或百步，向其处送糠火代人，巳日小差，未日大差。

寅日病者不死……鬼字仲后，后无伯，在舍南卌步与沟，代人、香火送，午日小差，申日大差。

卯日病者不死……鬼字仪光，一名，在人舍西北戌地，去舍六步，错蜡代人、香火送，未日差，酉日大愈。

辰日病者困……东南西北有鬼，字小光阿仙，在人舍南午地，去舍九十步，亦云九步，以面人改鸡子、香火送，……申日小差，戌日大愈。

巳日病者不死……鬼字公孺叔，一名阿贵，舍东寅地，去舍七十步，糠火米人代送，……

午日病者小困……鬼字叔明在，一名伯名，在舍东寅地，去舍七十步，亦云七步，送麻蒲代人，香火遣送，戌小差，子日大差。……

未日病者小厄……鬼字阿公，亦字神公仲和，在人舍东辰地，去舍五十步，糠火米人代送差，亥日小差，丑日大差，忌卯。

申日病者不死……鬼字伯度，亦字伯明仲卿和，在人舍东卯地六十步，秋蒲代人，香火，向所送，子日小差，寅日大愈……

① （唐）孙思邈：《备急千金药方》，北京：人民卫生出版社，1955年影印本，第519、520页。

酉日病者困……鬼字小卿阿阇，……去舍十八、八十步，秋蒲代人，向其处送，丑日小差，卯日大差……

戌日病者大重……鬼字叔叔止女山，在人舍南九十步或十九步，以脂饼十番、水二杯，糠火送之，寅日小差，辰日大差……

亥日病者不死……鬼字伯初九卿、元伯，在舍东南巳地四十步，一云四步。向其处送米火代人，即去，卯日小差，巳日大差……

S.1468《发病书》亦载：

巳日病者，须作土人七枚，每长七寸，书人腹作“鬼”字，以酒脯祭之，咒曰：今日厶甲疾病，今土人七个，厶乙身命，土人一去，其鬼一个不得更住，土人一发，其病即绝。五止已，寒疟毁，病人不得火，急急如律令。送五道头，勿反面，其病即差。

午日病者，须舍西方土，方别三升，作渥于□中立作土人，高一尺，面向北，□手把刀，病人即差。

根据文义，此类医疗手法是把柏木、蜡、面、米、麻、蒲、土等各种不同的材质做成人形，也即所谓“代人”，然后将其送到《发病书》占断出的致病鬼魅所在位置，或同时配以相应仪式，如酒脯祭祀、施咒，等等，从而用“代人”来替代病人疾患，以期病者获得痊愈。这种巫术在当时还应用于其他方面，如P.2682《白泽精怪图一卷》：“燕不来入堂者，井之虚也，取梧桐为人，男女各置井中，□来矣，殃已。”P.4522Va针对“宅舍寅卯地有直街巷及开门冲者”的镇宅方法亦为：“厌之法，铁女七人，各长七寸，白石七两，虎头一具，用砖屋成（盛）之，用庚日埋于寅卯间，入土七尺大吉。”人形代厄巫术起源甚早，至迟在商周时期就已形成[①]。敦煌地区出土的西晋十六国时期镇墓文中大都记有代厄人形[②]，多以铅人为主，表明此类法术在古代西北地区的传

① 王育成：《中国古代人形方术及其对日本的影响》，《中国历史博物馆馆刊》1997年第1期，第32—56页。

② 敦煌地区的镇墓文主要是得自1944—1945年史语所西北科学考察团历史考古组夏鼐先生发掘敦煌佛爷庙、1980年敦煌县博物馆发掘佛爷庙湾、1982年敦煌县博物馆与北京大学考古实习队发掘新店、1985年甘肃省文物考古研究所发掘敦煌祁家湾。姜伯勤先生曾对敦煌地区的镇墓文进行分类录文（姜伯勤：《敦煌艺术宗教与礼乐文明》，北京：中国社会科学出版社，1996年，第271—276页），王素、李方先生辑录了敦煌镇墓文（王素、李方：《魏晋南北朝敦煌文献编年》，台北：新文丰出版公司，1997年）。

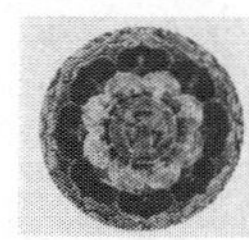

统性，如：

《西晋吕阿征斗瓶镇墓文》：

咸宁二年（276）八月己卯朔二日。吕口家之死者阿征，今谨送汝铅人一双、五谷，以续百女岁会复……

《西晋顿霓儿斗瓶镇墓文》：

大康六年（285）三月己未朔五日癸亥，顿霓儿之身死，今下斗瓶、五谷、铅人，用当复地上生人……

《西晋吕阿丰斗瓶镇墓文》：

泰熙元年（290）四月庚寅朔六日乙未直平，吕阿丰之身死。今下斗瓶、五谷、铅人，用当复地上生人。青乌子、北辰诏令，死者自受其央……①

王育成先生认为："在这些文字中，铅人等物的功用直接与'生人'相连，从'复地上生人'又写作'福地上生人'看，它显然是替活人承受丧葬带来的各种殃咎，以保护生者的，即所谓复或福'地上生人'。"②由于代厄人形多出现在古代镇墓文中，故目前学界主要用以探讨古代的墓葬文化及相关信仰，而忽视了其在"生界"除疾的广泛应用。如《赤松子章历》所设《驿马章》说到用"金人一身"，《疾病破棺章》用"金人一形"，《久病大厄金紫代形章》称"金人一形重一两二株"，《病死不绝银人代形章》要求"银箔人，随家口多少，一人一形，银无，用锡人或钱九十九，奏章后投水中"。除道教采用的贵金属人形外，有时还以真人的形式出现，《魏书·崔浩传》载："浩父疾笃，浩乃剪爪截发，夜在庭中仰祷斗极，为父请命，求以身代，叩头流血，岁余不息。"当然古代更多可能还是以敦煌《发病书》中的诸种材质为主要代厄人形，《阴阳道基础史料集成》所收"维日本国文明六年岁次甲午三月丁亥朔八日癸巳吉日良辰"《河临祭文》记：

谨启请降临诸神等，主人尊天恐地，敬鬼重口，神明鉴护，在

① 王素、李方：《魏晋南北朝敦煌文献编年》，台北：新文丰出版公司，1997年，第61、62、64、65页。
② 王育成：《中国古代人形方术及其对日本的影响》，《中国历史博物馆刊》1997年第1期，第43页。

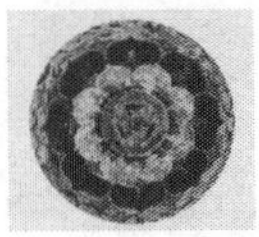

何凶害，而依何谴，过怪异口，梦想纷纷，抑销灾致祥，不如祭祀，除厄保命，莫过除拔。目之古今，君臣或临西朔水除拔，口向清流，礼飨诸神，应此慎将，拂地拔众，鬼归此诚，然保天年。仍为除其御厄，襄全其寿命。谨设宝币珍味之尊，敬献降临此座之神，礼尊虽微，味邹忠信，仰乞诸神，殊垂冥助，尚飨所献，以代命、代病、代咒咀、代厄，襄柏人、桐人、杨人、楸人、桃人、蒲人、签人等，才智相备，及其船车、牛马、鸡狗等之奠，忽替御身，将除其祸厄厌咒之咎。[①]

人形代厄的疗疾法，在古代医籍中尚未见有最直接的记录，不过《外台秘要》卷十三引“崔氏断伏连解法”倒与之相似：

先觅一不开口葫芦，埋入地，取上离日开之，煮取三匙脂粥内其中。又剪纸钱财将向新冢上，使病儿面向还道，背冢坐，以纸钱及新综围冢及病人使匝。别将少许纸钱，围外与五道将军。使一人手捉葫芦，一手于坐傍以一刀穿地，即以葫芦坐所穿地。及坐葫芦了，使一不病人捉两个锁拍病人背，咒曰：伏连伏连解，伏连伏连不解。刀锁解，又咒曰：生人持地上，死鬼持地下，生人死鬼，即各异路。咒讫，令不病人即掷两锁于病人后，必取两锁相背，不背更取掷，取相背止。乃并还勿反顾。[②]

这里是将新冢认作致疾鬼魅的所在地，而其中的葫芦大概就起到类似代厄人形的作用。此外“崔氏断伏连解法”还提到需“将少许纸钱，围外与五道将军”、“勿反顾”，与S.1468《发病书》将土人七枚“送五道头”、“勿反面”，在仪式内涵上也基本相近，因为时人不仅已将五道将军与疾病不祥相联系[③]，而且认为五道大神的所在地就在五道头[④]。

① [日] 村山修一编著：《阴阳道基础史料集成》，东京美术，1987年，第262—263页。

② (唐) 王焘：《外台秘要》，北京：人民卫生出版社，1955年，第359页。

③ (宋) 李昉等：《太平御览》卷734引《三国典略》：“崔季舒遇害，……妻昼魇，寤云，见一人长一丈，遍体黑毛，欲来逼己。巫云：此是五道将军，入宅者不祥。”北京：中华书局，1960年，第3256页。

④ 《普曜经》卷第4《出家品》第12：“菩萨稍进前行，睹五道神名曰奔识，住五道头，带剑执持弓箭，见菩萨来，释弓投箭解剑退住，寻时稽首菩萨足下，白菩萨曰：梵天之际，天王见敕，守五道路，不知如之，愚不敏达，惟告意旨。”

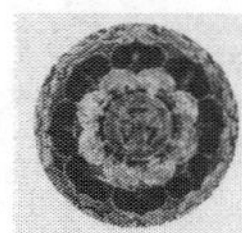

4. 提供疗疾方位、医师、用药、炙针等医疗选择与建议

敦煌禄命书《推人游年八卦图（法）》向病家提出了以疗疾方位、医师、用药、炙针的选择为主的医疗建议，如“生气在震，正东，口取青衣师看病，青药……生气在艮，东北，宜东北方黄衣师及黄药，治之即差。……生气在兑……宜针不宜炙”（P.2830）、“乾三变生气在兑，……人病宜西者，宜服白药，西方少女，师治立差”（S.6164）。《天牢鬼镜图并推得日法》甚至还以诗的形式予以宣说：

诗曰：

> 衰气五鬼有飞灾，不宜买六畜□来。更忌吊丧并动土，定应□病损钱财。
>
> 绝命祸害百不宜，迎师问病及□医。若往此□衰厄病，□□□困死无意。
>
> □□□方婚姻移，□□□财并六畜。孳生万倍定□□，□□□□□□□。
>
> 天医之方宜服药，求师疗病总□恶。针炙一切往其方，先圣□经定不错。

在《推人游年八卦图（法）》和《天牢鬼镜图并推得日法》看来，生气、天医等所在是迎师问病、服药针炙的最佳方位；而绝命、祸害、五鬼等则需规避。此种医疗观在中古民间与医界均极为崇信。《太平广记》卷四五二“任氏”条：

> 初，任氏加宠奴以病，针饵莫减。其母与缅忧之方甚，将征诸巫。任氏密赂巫者，指其所居，使言从就为吉。及视疾，巫曰：“不利在家，宜出居东南某所，以取生气。”缅与其母详其地，则任氏之第在焉。缅遂请居。任氏谬辞以逼狭，勤请而后许。乃辇服玩，并其母偕送于任氏。至则疾愈。①

故事中的巫者就是建议“生气”之方可愈疾，病者与家人之所以对此深信不疑，一来是“针饵莫减”，二来当时医者同样也遵循此说，孙思邈《千金翼方》

① （宋）李昉等：《太平广记》，北京：中华书局，1961年，第3695页。

卷二八“针灸宜忌第十”即要求“凡欲灸针，……须看病者行年本命祸害绝命生气所在”，意为在采用灸、针的诊治时，首先需要审知病者的八卦游年。可见敦煌术数文献用天医、生气、祸害、绝命等八卦游年来规定医疗宜忌的做法并非独有，而是与中古医界一致的。

四、唐宋敦煌医疗社会史综论

敦煌吐鲁番术数文献有关疾病与医疗的书写极为丰富，本文仅选取《发病书》为主体的若干种占卜书，分析其对疾患、病因、医疗与宜忌的具体言说；而这些言说与中古医学典籍、敦煌医书大多保持着相同或相似的文脉，这就从一个更为完整的角度反映了古代术数与医学之间存在普遍的资源共享性。其实唐代医家孙思邈就曾公开承认：

> 凡欲为大医，必须谙《素问》、《甲乙黄帝针经》、《明堂流注》、《十二经脉》、三部九候、五藏六腑、表里孔穴、《本草》、《药对》、张仲景、王叔和、阮河南、范东阳、张苗、靳邵等诸部经方，又须妙解阴阳禄命、诸家相法及灼龟、五兆、《周易》、《六壬》，并须精熟，如此乃得为大医。若不尔者，如无目夜游，动致颠殒。①

古代的医者为了成为大医，想必多会“妙解阴阳禄命、诸家相法及灼龟、五兆、《周易》、《六壬》”，使之和医术同样达到“精熟”的水平。宋《清波杂志》记载的“太素脉”即属此类典型范例②。美国学者司马富（Richard Smith）对这一问题作有高度概括：“大体而言，医人和卜人持有一致的世界观，其核心是高度复杂的天人相应理论。天人相应论考虑时间、地点和神灵性（或魔鬼崇拜），以及更为俗世的生理学和心理学概念的相互关系。医学与占卜的‘语域’几乎毫无例外地围绕着诸如阴阳、五行、气、神和鬼（或煞）等观念，也常常根据天干地支的甲子系统和顾客的‘八字’进行推算。中国社会中的

---

① （唐）孙思邈《备急千金药方》卷1，北京：人民卫生出版社，1955年影印本，第1页。

② 文称“（周）辉尝见父友许志康论太素脉，谓可卜人之休咎。因及治平中，京师医僧智缘为王荆公诊脉，言当有子登科甲之喜。时王禹玉在座，深不然之。明年雱果登第。缘自矜语验，诣公乞文以为宠。翰林王承旨疑古无此，缘曰：‘昔秦医和诊晋侯之脉，知其良臣将死。夫良臣之命，尚于晋侯脉息见之；因父知子又何怪乎？’所书大略如此。”（宋）周辉撰，刘永翔校注：《清波杂志校注》，北京：中华书局，1994年，第463—464页。

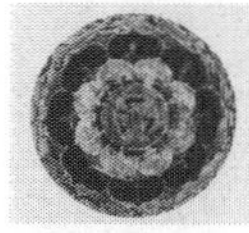

每位成员尽管不是人人都授与这些术语天启的或医学的意义，但都能识别这些宇宙论术语并理解其关联。”①

对于古代术数与医学资源共享机制的揭示，其意义不仅在于更全面地认识敦煌术数文献的学科归属与实际应用，而且也是解释古代社会普遍存在的“巫医并致”医疗现象的重要基础。就后者而言，医史界目前主要提出两方面解释：一是巫、医的分别在古代社会中可能只是少数坚持理性思考的知识分子的观念，对于一般人而言“‘巫’和‘医’不分并不是由于他们心中虽然对这两的性质不同有一清楚地概念，但为了求实际的功效而两者并用。事实可能是，他们认为巫术和医术是同样性质的活动”②。二是“信巫不信医”或为当时条件下的一种“理性”抉择，“他们所以有意识地采取巫医并致的方式，无非是希望多为病者争取起死回生或恢复健康的机会”③。这两点解释多是从病家受众的角度出发，均极其中肯。但如果将术数、医学资源共享的医疗特性考虑进去的话，其解释或许就会更为全面，因为既然医中有“术”、术中有“医”，那么一般民众对于医疗者的具体身份自然也就不会过于挑剔或者说难分彼此。这大概就是敦煌《发病书》谈到医者时多简单以“师”来指代的原因，这种模糊性其实来自于当时医疗技艺的含混性。所以术数在包括敦煌在内的古代社会整体医疗活动中扮演的历史角色，笔者大致可概括为以下三者：①术数是医学及医疗活动的构成要素之一；②术数有时替代着医术的功能；③术数时或充当为病者争取起死回生或恢复健康机会的伦理抉择。以下对于唐宋敦煌社会医疗状况的探讨，正是以术数、医学的资源共享性以及术数在古代医疗活动中扮演的多重社会角色为基础的。

1. 唐宋敦煌的医者群体

关于唐宋敦煌的医者问题，郑炳林先生业已作了通盘考察，指出陷蕃前敦

① ［美］司马富撰，聂精葆编译：《古代中国的占卜与医学》，《医学与哲学》1997年第8期，第408页。

② 蒲慕州：《汉代之信仰生活》，原载氏著《追寻一己之福：中国古代的信仰世界》，台北：允辰文化实业公司，1995年。今据林富士主编：《礼俗与宗教》，北京：中国大百科全书出版社，2005年，第18页。

③ 金仕起：《古代医者的角色》，原载《新史学》6卷1期，今据李建民主编：《生命与医疗》，北京：中国大百科全书出版社，2005年，第30页。金仕起先生引用王充的言论对此有着绝佳说服力，《论衡·明雩篇》：“慈父之于子，孝子之于亲，知病不祀神，疾痛不和药，又知病之必不可治，治之无益，然终不肯安坐待绝，尤卜筮求祟，召医和药者，恻痛殷勤，冀有验也。”

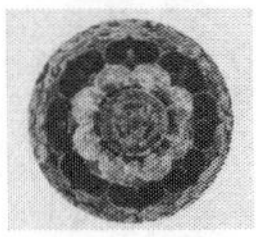

煌设有州医学，陷蕃后及归义军时期僧医、官府医人和以胡人为代表的民间医家均较为活跃，道教徒对敦煌医学发展也有贡献①。笔者这里补充的是，除以上人士，还有一些阶层在敦煌医疗文化体系中同样占据重要位置，不可轻忽：

（1）巫觋。

P.2675V 中的阴阳人氾景询，不仅抄录《七星人命属法》，同时也研修针灸禁忌，其目的恐怕也是要在占卜或医疗活动时卜、医兼施，博采众方。S.4400《曹延禄镇宅文》提到太平兴国九年敦煌王曹延禄因“心中惊愕、意内煌（惶）忙”而遣问阴阳师卜，阴阳师卜们通过“检看百怪书图”，做出解释“或言宅中病患，或言家内先亡”，最后采取“择良月吉日，依法广备书符”，方解其殃祟。归义军政权首脑出现心理疾患或精神困惑时寻求于阴阳师的帮助，似可见巫觋同样是敦煌医者群体中不可或缺的一员。

敦煌文献有关巫觋从事医疗活动的文字记载较少，但莫高窟壁画中保存了不少这方面的图像资料，如莫高窟第 12 窟北壁晚唐壁画、莫高窟第 76 窟北壁宋代壁画、莫高窟第 468 窟北壁中唐时期壁画等②。其中尤以莫高窟第 468 窟北壁中唐壁画最为形象（见图 1），该图自上往下相继绘制了三个场景：最

图 1　莫高窟第 468 窟北壁中唐壁画

资料来源：敦煌研究院主编：《敦煌石窟全集・民俗画卷》，上海：上海人民出版社，2001 年

① 郑炳林：《唐五代敦煌的医事研究》，郑炳林主编：《敦煌归义军史专题研究》，兰州：兰州大学出版社，1997 年，第 514—528 页。

② 谭蝉雪主编：《敦煌石窟全集・民俗画卷》，上海：上海人民出版社，2001 年，第 242—245 页。

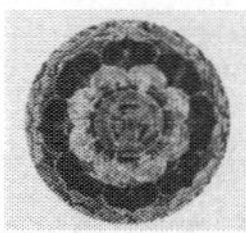

上方是坐卧在床上的病人；中间两女巫，一人在水边拔禳，一人跪在火铛旁扬手祷祝；最下方是驱鬼的画面，右侧绘一头发直竖的恶鬼，全身赤裸，正欲伤害一孩童，左侧床上的巫师书写符咒、施展法术，恶鬼受到威慑，转身而逃。整幅画面生动地描绘了巫医疗疾的场景，以图像的方式有力印证了敦煌吐鲁番出土《发病书》关于医疗救济书写的历史存在。

（2）苯教徒。

敦煌藏文本占卜书经常提到“行仪轨”以疗病的方法，如I.O.ch.9.II.68《十二钱卜法》“卜问病人，有邪魔、女妖加害；行仪轨则驱，不行则凶”、“问病人，病重，行仪规吉”；Ch.9.II.19《骰卜》“占卜病人，需苯波为人攘病”。这里的仪轨，是指由吐蕃统治时期流寓敦煌的苯教徒即苯波举行的苯教仪轨①。在为数不多的敦煌古藏文医学文献中有一件以苯教为主导的医书S.T.756《医疗术长卷》，记载了苯教医疗仪轨的若干具体实例，主要针对狂犬病、肛门管漏、肉毒症、狐臭病等疾患提出苯教疗法：

> 人被狂犬所咬的疗方：首先按本教仪轨制药水（神水）三十次，将所有祭鬼代替品制成药。……肛门管漏并且疼痛，首先戴上本教巫师所谓的“洽莫”（帽子）有好处。然后往身下的火洒灭（使火灭），再铺上高级氇氆，另患者肛门坐于其上，或熨胯间阴处。……患肉毒症和因食生肉而患的狐臭病，立即举行本教（送鬼）仪式，可治夜臭、僧臭、土（粪）臭、妖臭、无尾地鼠臭等。（方法如下）将黄铜和纯响铜磨成粉末，取半两以下半钱以上待用，再用钢锉将铁合金锉成末，随时将两种金属末混合起来，放在一小饭锅水中煮，熔炼至一瓢大小，放凉取出（做成替代品）祭鬼。另捉一活耗子待用，如找不到，可用一两阿魏，与一碗新而洁净的童尿调制，如找不到新童尿，任何时候的尿均可，再往其中撒上少许面粉（做成替代品）在不知不觉中（或译作半夜）祭鬼。②

S.T.756是目前所知敦煌遗书中唯一详细记录苯教医疗术的写卷，对于研

① 参见陈于柱：《敦煌古藏文、汉文本〈十二钱卜法〉比较研究》，“中国敦煌吐鲁番学会2008年度理事会议暨敦煌汉藏佛教艺术与文化国际学术研讨会”论文，兰州，2008年。

② 罗秉芬主编：《敦煌本吐蕃医学文献精要》，北京：民族出版社，2002年，第6、9、14页。

究中古苯教医学具有极高的学术价值。长卷还记载了火灸、针刺、汤药等多种疗法，是知苯教徒的医学知识较为广博，而非仅精于巫术仪轨。

（3）景教徒。

景教本身即以医疗技艺而著称，前辈陈垣先生指出："景教于当时文化，无何等影响，惟以医传道之例，由来甚久，……杜环经行记亦云'大秦善医眼及痢，或未病先见，或开脑出虫'，聂思脱利派以医学著名也。"[①]景教在吐蕃归义军时期的敦煌较为活跃，不仅借助术数占卜以宣教[②]，而且对地区医药交流贡献颇多，最典型的就是 S.1366《归义军衙内面油破历》所载"甘州来波斯僧月面七斗、油一升，牒密骨示月面七斗……二十六日支纳药波斯僧面一石，油三升"[③]。这里的波斯僧即是景僧。

（4）摩尼教徒。

摩尼教在敦煌的活动主要为归义军时期[④]，医、术 / 卜技艺同样也是其传教的重要依托。敦煌出土汉文《摩尼光佛教法仪略》："佛夷瑟得乌卢诜，译云光明使者。又号具智法王，亦位摩尼光佛，即我光明大慧无上医王应化身之异号也。"敦煌出土的汉文《波斯教残经》讲到大圣摩尼"缘此法药及大神咒，咒疗我等多劫重病，悉得除愈"[⑤]。

因此，唐宋时代的敦煌社会至少曾经活跃着官医、民间医人、僧人、道士、阴阳巫师、苯教徒、景教徒、摩尼教徒甚或祆教徒等多个医者群体，尽管他们其中某些群体在这一时段的敦煌社会变迁中未能获得持久的发展，但在历史时期确曾共同维系着区域社会的医疗保障。

2. 唐宋敦煌的一般医疗形态与民众的医疗选择

既然唐宋敦煌的医者群体较为多元，那么各自提供的医疗技艺想必也

---

① 陈垣：《基督教入华史略》，载《陈垣学术论文集》第 1 集，北京：中华书局，1980 年，第 85 页。

② 另外，敦煌摩尼教文献《下部赞》中《赞夷数文》赞美耶稣："愿除多劫昏痴病，及以魍魉诸魔鬼，降大法医速医治，噤以神咒驱相离。"说明咒术同样是景教医疗体系中的一环。

③ 唐耕耦、陆宏基编：《敦煌社会经济文献真迹释录》第 3 辑，北京：全国图书馆文献缩微复制中心，1990 年，第 284—286 页。

④ 参见杨富学、牛汝极：《沙州回鹘及其文献》，兰州：甘肃文化出版社，1995 年，第 65 页。

⑤ 参见马小鹤：《摩尼教宗教符号"大法药"研究》，《敦煌吐鲁番研究》第 4 卷，1999 年；又载氏著《摩尼教与古代西域史研究》，北京：中国人民大学出版社，2008 年，第 47—48 页。

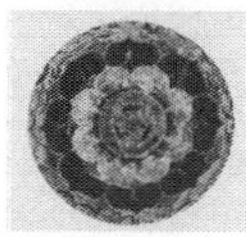

是形态各异。早在梁武帝时，郭祖深就曾谈到："臣见疾者诣道士则劝奏章，僧尼则令斋讲，俗师则鬼祸须解，医诊则汤熨散丸，皆先自为也。"[①]一语概括了四种医者群的疗法特色：道士用奏章——上章悔过；僧尼用斋讲——斋戒讲经；巫师用解除；医人用"汤熨散丸"——针灸和药物。以上四者在敦煌地区的医疗特点大概也是如此。苯教则以苯教仪轨为主，兼施咒语巫术、灸刺汤药。景教、摩尼教的医疗特点似乎与佛教既有区别亦有相似处——大致多围绕医学（medicine）、奇迹（mirical）和法术（magic）这三个范畴而展开[②]。可以说唐宋时代敦煌医者群体的医疗手法都各有其特色与专长，但是，他们之间也有一些共通性，而这些共通性就是医、术/卜兼施，交互为用。敦煌多元的医者群体必然也为唐宋时代的敦煌民众提供多样的医疗选择。刘少霞根据敦煌发愿文，推断："从上层社会到普通民众，都是先求助于医药，在'药饵虽施，不蒙疗减'之后再转而寻求宗教力量的救治，这已经形成了敦煌地区疾病治疗过程中一个共同的选择模式。"[③]果若如此，则显示敦煌民众医疗观念极具现代理性的一面。但事实情形可能较为复杂，不一而足。除前面提到曹延禄出现心理疾患而寻求阴阳师帮助的事例外，P.4660《沙州释门都教授炫门者梨赞并序》记载了都僧统张金炫母双目复明之事："慈母丧明，向经数年。方术医治，意不痊退。感子至孝，双目却明。"[④]这里的"方术医治"大概就包括医药、术数、佛教疗法等多重含义。S.3252《般若波罗蜜多心经》题记："弟子押衙杨英德为常患风疾，敬写般若波罗蜜多心经一卷，愿患消散。"也未见到先医后佛的明确说明。因此敦煌民众罹患时的医疗选择，会因时、因人（族群或阶层）、因事而不同，可能更多还是采取"多家并致"的应对方式[⑤]，否则以上医者群体对于各自医疗功效的鼓吹与宣说也就失去了存在的意义。

---

① 《南史》卷70《循吏列传》，北京：中华书局，1975年，第1720—1721页。

② 参见马小鹤：《摩尼教、基督教、佛教中的"大医王"研究》，《欧亚学刊》第1辑，1999年；又载氏著《摩尼教与古代西域史研究》，第101—120页。

③ 刘少霞：《敦煌汉文医书中的巫术初探》，硕士学位论文，兰州大学敦煌学研究所，2006年。

④ 郑炳林：《敦煌碑铭赞辑释》，兰州：甘肃教育出版社，1992年，第206页。

⑤ 医疗技艺的含混性往往也容易导致病家医疗观念的含混性，如吐鲁番出土回鹘文《佛说北斗七星延命经》记载："我色利的斤……由于地、水、火、风失调而生病……我想从不同〔地方〕听到《七星经》的妙音，以摆脱病魔。"（录文参见杨富学：《高昌回鹘医学稽考》，《敦煌学辑刊》2004年第2期，第134页）这里的"地、水、火、风"出自印度医学"四大"说，《佛说北斗七星延命经》则糅禄命书《七星人命属法》与佛教与一体。

3. 唐宋时代敦煌吐鲁番的主要疾病与时疫

于赓哲先生曾对唐五代时期威胁人健康的主要疾病作有概括："主要疾病是传染病，这符合一般的历史常识，但是唐五代的传染病也有其自身特点，即疟疾是其中最主要的种类，天花虽然已经早已在六朝时期传入中国，但是还没有像清代那样形成巨大威胁，鼠疫虽然存在，却没有金、明时期那般酷烈。另外，'骨蒸'等结核性疾病也没有发展到不可收拾的地步。此外，心脑血管疾病、消化系统疾病、难产及其他围产期疾病、皮肤化脓性疾病、新陈代谢疾病也对唐人构成很大威胁。"①不过，由于医史界未能充分利用敦煌吐鲁番《发病书》等术数文献，故该批资料记载到的多种疾病未被学界所了解和关注，因此，对《发病书》等术数文献所载疾病的梳理有助于进一步补充学界对中古中国疾病种类及疾病史的整体认识。

（1）上气病。

S.6196V→S.6346V→羽 015V→P.2978V《发病书》多次记载病者罹患"上气"之疾。"上气"即气喘，属呼吸道疾病，《周礼•天官•疾医》："冬时有漱上气疾。"郑玄注："上气，逆喘也。"

（2）痔病。

"痔病"主要出现在 Ch.1617 背（T II T 3072）《发病书》中。"痔病"，即痔疮，又称"下漏病"，属于肛肠疾病。

（3）带下漏。

该病名同样记载于 Ch.1617 背（T II T 3072）《发病书》中，属妇科疾病，该病对古代女性健康影响甚大，以至古代的妇科病医生常被称作"带下医"。

（4）淋病。

有关"淋病"的记载主要出现在 P.2615a《诸杂推五姓阴阳等宅图经一卷》中②，属于泌尿系统疾病。

---

① 于赓哲：《〈新菩萨经〉、〈劝善经〉背后的疾病恐慌——试论唐五代主要疾病种类》，《南开学报》（哲学社会科学版）2006 年第 5 期，第 62—69 页。

② 陈于柱：《敦煌写本宅经校录研究》，北京：民族出版社，2007 年，第 273 行。

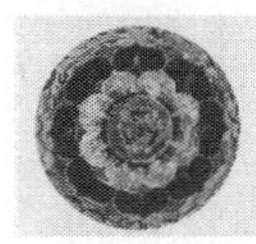

（5）精神性疾病。

如P.2856《发病书》记载“人狂癫，四支沉乱，不别亲疏”，P.2615a《诸杂推五姓阴阳等宅图经一卷》亦有“癫病兵死”、“癫狂病人”等记录。

笔者相信，以上疾病绝非仅存在于敦煌吐鲁番地区，而应是中古中国主要流行疾病的某种区域性再现，但区域社会历史的变迁则往往成为某些疾病发生发展的重要动因。仅以敦煌《发病书》多次记载到的“癫病”为例，晚唐五代敦煌及周边地区战乱频仍，经常是“死者埋骨荒口，生者分离异土，号哭之声不绝，怨恨之气冲天”，精神脆弱者罹遭癫狂之患在所难免。此类疾病虽不能说是属敦煌地方性疾病，但在敦煌术数文献中的频繁出现，从一个侧面反映了该时期敦煌民众在“四面六蕃围”境况下所面临的极大生存压力。除此之外，时疫在晚唐五代敦煌也间或发生，P.2058《发愿文》记：“昨者时疾每起，死相分飞，疫痢大行，是众生之共业。千门罢眠，万户无安。”最典型的案例是天复二年（902）四月敦煌发生过数起疫病，S.1604《天复二年（902）四月廿八日沙州节度使帖都僧统等》称：

> 右奉处分，盖缘城隍或有数疾，不□五根，所以时起祸患，皆是僧徒不持定心，不虔经力，不爱贰行，若不兴佛教，何亏乎哉？从今已往，每月朔日前夜、十五日夜，大僧寺及尼僧寺然一盏灯。当寺僧众，不得欠少一人，仍须念一卷《佛名经》，与灭狡猾，嘉延任轮，岂不于是然乎。①

此次疫情的发生很可能和前一年甘州回鹘对敦煌的进犯有关，S.3905《唐天复元年（901）辛酉岁十一月十八日金光明寺造窟上梁文》记载：“猃狁狼心犯塞，焚烧香阁摧残。”大灾之后必有大疫，加之四月春夏之交本就是细菌滋生之时，疫情很容易聚集爆发。时疫的发生对当地社会影响往往极为酷烈，主要表现之一就是地区人口的锐减和恐慌情绪的加剧，“死相分飞”、“千门罢眠”、“万户无安”当是对彼时情景的真实描绘。P.3633《辛未年（911）七月沙州耆寿百姓等一万人上回鹘大圣天可汗状》称其时“沙州百姓一万人”，相

① 唐耕耦、陆宏基编：《敦煌社会经济文献真迹释录》第4辑，北京：全国图书馆文献缩微复制中心，1990年，第125—127页。

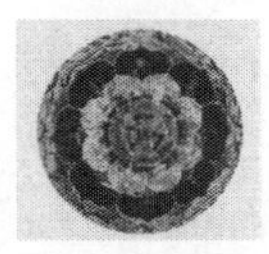

对于张议潮时期，沙州人口剧减了三分之二，除学界指出的战争因素外①，天复二年敦煌爆发的“数疾”与之恐怕也不无关系。而归义军节度使将灾害原因归咎于敦煌佛教界的作为，如若除去地方政权以疾疫为借口遏制佛教势力的动机外，似乎还让我们看到敦煌归义军政权在处理瘟疫过程中应对机制的乏力以及背后的政治焦虑。

① 郑炳林：《晚唐五代敦煌地区人口变化研究》，郑炳林主编：《敦煌归义军史专题研究三编》，兰州：甘肃文化出版社，2005 年，第 471 页。

校 录 篇

P.2856《发病书》

释文

（前缺）

1 有（？）衰

2 年十六[1]，男立辛巳[2]，算有二，忌门[3]。女立丁巳，算衰，忌灶。年十七，男至壬午，算始生。女立丙辰，算尽，忌妊身娠[4]。

3 年十九，男至甲申，算二，忌灶。女至甲寅，算尽，溷水。年廿，男立乙酉，算有二，忌厕，厄。女至癸丑，算尽，忌妊身，□

4 年廿二[5]，男至丁亥，算尽，火、土。女至辛亥，算三，月日屋[6]。年廿三，男至戊子，算□忌水。女至庚戌，算尽，水（？）厄

5 年廿五，男立庚寅，算有二，忌刀兵生。女立戊申，算有三，忌病，井厄。年廿六，男至辛卯，算有一，忌女立丁未，算尽，有妊（？）

6 年廿八，男至癸巳，算有五，官厄，〔忌〕井[7]。女立乙巳，算尽，忌井、门。年廿九，男立甲午，算有女至甲辰

7 年卅一，男至丙申，算尽，忌口舌、门。女至壬寅，算尽，忌口舌。年卅二，男至丁酉算有四，忌四，忌井。

8 年卅四，男至己亥，算四，忌井。女立己亥，算有五，水、灶。算有七，妊身厄。算有五，忌土。年

9 年卅七，男立壬寅，算尽，忌□。女立丙申，算有五。年卅八，男立癸卯[8]，算有二，忌□。女立乙未，算有六，刀兵厄。年卅九，男立甲辰，算尽女立甲午，算有七，□□。

10 年卌，男立乙巳，算有五。女立癸巳，算有八。年卌一，男立丙午，算有六，忌□□。女至壬辰，算尽，水。卌一（二）[9]，男立丁未，算有四，忌□。女立辛卯，算始生。□

11 年卌三，男立戊申，算尽，牢厄。女立庚寅，算有〔□〕[10]，忌水。年卌四，男立己酉，算始生。女立己丑[11]□□□厄。年卌五，男立庚戌，算有二。女立戊子，算有〔□〕[12]，口舌。

12 年卌六[13]，男立辛亥，算有二，忌井。女立丁亥，算有三，忌溷。年卌七，男至壬子，算□□忌灶。女至丙戌，算尽。年卌八，男立癸丑，算始生。女立乙酉，算始生，忌□。

13 年卌九，男立甲寅，算有二，忌溷。女至甲申，算尽。年五十，男至乙卯，算有二[14]，口舌，火。女至癸未，算有六，忌厕[15]。年五十一，男至丙辰，算有口，病□女至壬午，算有三，忌□。

14 年五十二，男立丁巳，算有□，忌□。女立辛巳，算有〔□〕[16]，口舌。年五十三，男立戊午[17]，算有六，忌水。女立庚辰，算有五，忌溷。年五十四，男至己未，算有三，□□。女至己卯，算有七，口舌厄。

15 年五十五，男至庚申，算有八，土。女至戊寅，算有七，病厄，火。年五十六，男立辛酉，算有九，溷。女立丁丑，□□□溷。年五十七，男至壬戌，算尽，官事厄。女至丙子，算有九，□□。

16 年五十八，男至癸亥，算，兵，土。女〔至〕乙亥[18]，算尽，柱厄，溷。年五十九，男至甲子，算□□。女至甲戌，算始生，土。年六十，男立乙丑，算有二，溷。女立癸酉，算有二，土。

17 年六十一，男至丙寅，算有三。女至壬申，算有二。年六十二，男立丁卯，算尽。十二女立辛未[19]，算有二。六十三，男立戊辰，算始生。女立庚午，算有四。

18 年六十四，男至己巳，算有二。女至己巳，算有五。年六十五，男立庚午，算有三，口舌。女立戊辰，算有六，厄。年六十六，男立辛未，算有四。女至丁卯，算尽。

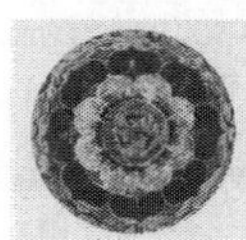

19 年六十七，男立壬申，算尽。女立丙寅，算始生。年六十八，男至癸酉，算尽。女至乙丑，算始生，一。年六十九，男〔至〕甲戌[20]，算有一

20 年七十，男至乙亥，算有二。女至癸亥，算有三。年七十一，男至丙子，算有三。女至壬戌，算始生。年

21 年七十三，男立戊寅，算有五。女立庚申，忌门。年七十四，男立己卯，算有六。女立己未，算尽。年　算始生。

22 年七十六，男立辛巳，算有八。女立丁巳，算衰。年七十七，男至壬午，算有九。女至丙辰，算有二。年七十八，男立癸未，算尽。女立乙卯，算衰，忌。

（中间空一行）

图1　符（一）

23 **推年立法**

24 年立子，人忌十一月五月，带此府（符）大吉[21]。年立子黑色人衰，十一月子

25 夜半时，五月午时，若其日时得病，十死一生，非其日时，不死。病者唯苦

26 头痛，谈吐逆食不可下，胸胁疼痛，恍惚有时[22]。祟在君、土公、丈人、司命、星死鬼，

27 旦以大神食不净，病从南北因酒食中得，不死。子者，神后，天长女，主生人

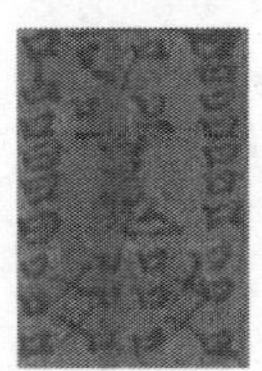

图2　符（二）

28 命，故知不死[23]。病者忌五月、十一月子、午日[24]。

29 年立丑，人忌六月十二月，带此府（符）大吉。年立丑青色人衰，十二月丑日六月

30 未日，若其日时得病，十死一生，非其日时，不死。病者唯苦头痛，心腹

31 满，胸胁短气，寒热有时，饮食不下，身唤，咽喉干，四支烦疼。祟在

图3 符（三）

32 天神、社公及土公，先许，司命、兵死鬼、无舌手鬼，急解急。忌丑未日[25]。

33 年立寅，忌正月七月，带此府（符）大吉。年立寅青色人衰，正月寅日七月

34 申日，若其日得病者，十死一生，非其日时，不死。病〔者〕唯苦头痛[26]，胸胁

35 满，短气，见血，恍惚不食。祟在山神、树木、狂死鬼及断后兵鬼、不

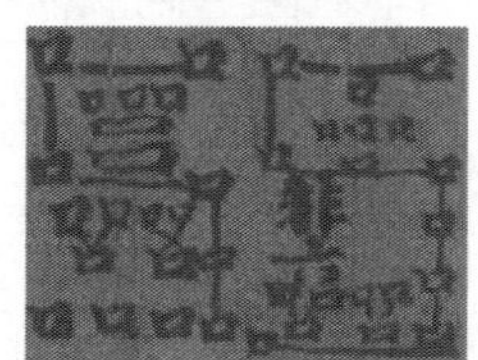

图4 符（四）

36 葬鬼所作，宅中有狗鼠怪，忧小口，及水上神明、丈人，急解之吉。忌正月七月寅申日[27]。

37 年立卯，忌二月八月，带此符吉。青色人衰，二月卯日八月

38 酉日，若其时得病，十死一生，非其日时，不死。病者唯苦头

39 痛，咽项强，心腹满，四支肢烦疼，食不下，吐逆。祟在丈人、灶君、客

40 死鬼，家有先怪、飞虫、野兽入宅为怪，犯东方土公及门户、

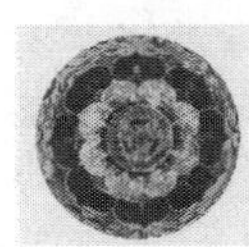

图5　符（五）

41　树木神，病困不死，卦曰解吉。忌二月八月卯酉日[28]。

42　年立辰，黄色人衰，带此符吉。三月九月辰戌日，若其时日病，

43　十死一生，非其日时，不死。唯苦头痛，心腹胀满，腰背拄强，手足

44　不仁，身体热，卧不安，梦误颠到（倒）[29]，食饮不下。祟在树神、北君、

45　司命、丈人、兵死无后鬼、东南土公不赛，令人失魂，病从西方，

图6　符（六）

46　釜鸣为怪，不死。解之吉，忌三月九月辰戌日[30]。

47　年立巳，忌四月十月，带此符大吉。〔赤〕色人衰[31]，忌四月巳日十月亥日，若

48　其时日时日得病[32]，十死一生，非其日，不死。病者唯苦头痛，心腹满，

49　因（咽）喉不利[33]，乍寒乍热，饮食不下，手足烦疼。祟在社公及

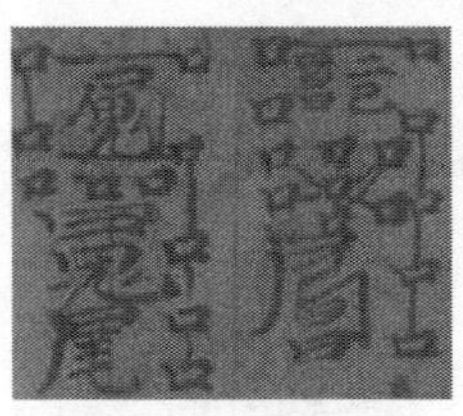

图7　符（七）

50　灶不赛，丈人、鸡狗为怪，六五日不吉，病者不死。忌十月四月亥巳日[34]。

51　年立午，忌五月十一月，带此符吉。赤色人衰，五（忌）忌（五）月五日十月

52 子日[35]，若其日时得病，十死一生，非其日时，不死。病者唯苦头痛，

53 四支腰脊，咽喉不利，乍寒乍热，吐逆，饮食不下。

54 祟在社公、灶君、天神不赛，北君有言，遣绝微（后）鬼[36]、狗鼠

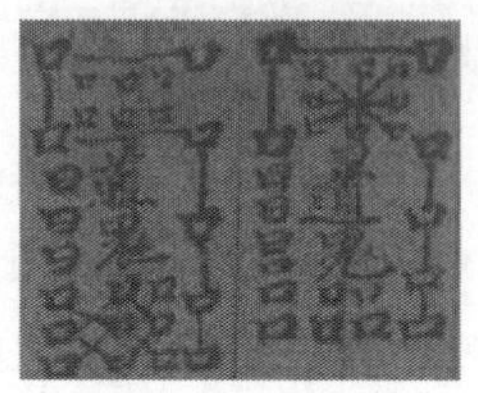

图8　符（八）

55 为怪，不死，忌五月十一月子午日[37]。

56 年立未，忌六月十二月，带此符吉。黄色人衰，忌六月未丑日十二

57 月丑日[38]，若其日时得病，十死一生，非其日时，不死。病者唯苦

58 头痛，四支腰背，咽喉不利，〔乍〕寒乍热[39]，吐逆饮食不下，祟在

59 社公、灶君、天神不赛，北君有言，遣绝后鬼、丈人、狗□□犬□

60 乍来去，朝差暮剧。祟在天神不赛，西南角土公所作，鬼兵、蛟（绞）死不

图9　符（九）

61 葬鬼[40]、溺死鬼，解之吉[41]。

62 年立申，带此符大吉。白色人衰，七月申日正月寅，其时日得

63 病，十死一生，非其日时，不死。唯苦头痛，心腹胀满，四支不

64 举[42]，饮食不下。祟在北君、土公、上神、树神、灶君、丈人、星

图10　符（十）

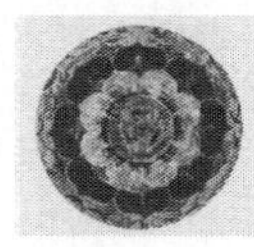

65 死鬼、客死鬼，勿斗诤，不死。忌正月七月寅申时[43]。

66 年立酉，带此〔符〕吉[44]。〔白〕色人衰[45]，二月卯日八月酉日，若其日时

67 得病，十死一生，非其日时，不死。病者唯苦头痛，股中

68 急，心下两胁痛，吐逆，食饮不下，乍来乍去，手足烦疼。祟在

69 天神、丈人，从外得之，北方有人惊动宅神，无后鬼、狱死鬼，

图11 符（十一）

70 令人魂魄分散，解之吉。忌二月八月卯酉日[46]。

71 年立戌，带此符吉。黄色人衰，九月戌日三月辰日，若其日时

72 得病，十死一生，非其日时，不死。病者头目耳痛，孔穴不利，

73 咽喉不通，吐逆不食，心腹胀满，身唤不眠。祟在丈人、土公、

74 天神、星死不葬鬼、女子鬼，祟病者，解之吉，不死。忌三月九月辰

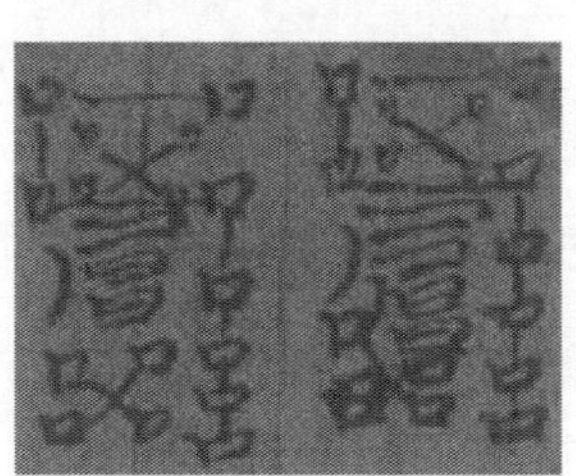

图12 符（十二）

75 戌日[47]。

76 年立亥，带此符大吉。黑色人衰，四月忌（巳）十月亥[48]，若其日

77 时得病，十死一生，非其日时，不死。病者唯苦头痛，胸胁

78 胀满，手足激急，四支不觉，乍差乍剧，不利，心腹热闷。祟

79 在西北高贵神，久许不赛，遣客死鬼、女详鬼病之，欲走

80 不能行，病不死，解之吉。忌四月十一（十）月[49]。

81 臂上木字，心上作中字，足下作土字，大吉。巳亥朱书，病人上作天子字。

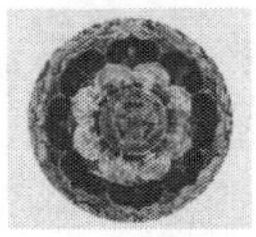

82 **推得病日法**

83 子日病者，不死，子者，神后，南斗之子，男轻女重，

84 主生人命，故知不死。病者为人黑色，头痛热，来去有时，脚沉重，五藏不通，心

85 复（腹）胀满[50]，呕吐。祟在死鬼，从外来得之，在舍星死鬼、女子鬼，身疮滥，亦不产妇污秽汗[51]，

86 宅中有黄色男子从外东南来，惊动宅神，鬼字伯扶，亦名河伯，共害死鬼，去

87 舍九十步许，坏神屋中，柏米火遣送。辰日小差，午日大差，酉日忌。

88 丑日病者，小困，丑者大吉，天上长史，主当文案，故知，病者男重女轻，虽困不死，头

89 痛及足、鼻、口干惨，百节尽，四支不举，令人噎寒，尻宽不随。祟在北君、不葬鬼，北

90 方高贵天神，久许不赛，丈人遣司命鬼收命人魂魄，呼人名字，欲送天曹未去。

91 鬼字长卿，在人舍南未地，去舍十二步或百步，向其处送糠火代人。巳日小差，

92 未日大差，死生忌酉亥二日。

93 寅日病者，不死，寅者，功曹，天上主当土万物，故知不死，女轻男重，青色人痛，

94 胸胁痛，激急，咽喉不利，来去有时。祟在山林、树神，久许不赛，丈人被罚，遣

95 断后鬼，客死鬼为祟，鬼字仲后，后无伯，在舍南卌步与沟，代人香火送。午日小差，

96 申日大差，死生忌戌亥。

97 卯日病者，不死，卯者，太冲，天使者，主生人命，男轻女重，故知不死。青色人

98 患胸胁项及手足痛，藏[虫奄]，口狂言，失魂，宅有火光。祟在养鬼，灶君所犯，

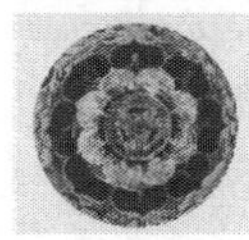

99　东方急解之，鬼字仪光，一名[52]，在人舍西北戍地，去舍六步，错腊代人香火送。

100　未日差，酉日大愈，生死忌亥子日。

101　辰日病者，困，辰者，天罡之遊激，主收人命，故知之困。十死一生，为人黄色，头痛，

102　心腹胀满，手足扶（浮）肿[53]，久有疮肿痛，寒热乍来乍去，令人吐逆，有时目视冥

103　之，祟在丈人、宅神、土公，许之不赛，东南西北有鬼，字小光阿仙，在人舍南

104　午地，去舍九步，亦云九步，以面人叚（加）鸡子[54]、香火送。或因酒食从外得之。申日

105　小差，戌日大愈，生〔死〕忌子丑日[55]。

106　巳日病者，不死，巳者，太一，天上南斗长女，主生人命，故知不死。病者为人黑，头，项

107　强直，手足烦疼，少气力，恍折损骨节，差胅痛疼，令人见血。祟在养

108　灶不立，耗虚造舍治门，鬼字公孙叔，一名阿贵，舍东寅地，去舍七□□

109　糠火米人代送。酉日小差，亥日大差，生死忌□□□□

110　午日病者，小困，午者，胜先，天上都尉，言教清□

111　项强直，咽喉不利，四支不举，食饮不下，乍寒乍热，起

112　土公，断后鬼依上舍南门上为害，令病人诳语，恍惚，目视冥冥，鬼字叔明，在

113　一名伯明[56]，在舍东寅地，去舍七十步，亦去七步，送麻蒲代人，香火遣之。戌〔日〕小差[57]，

114　子日大差，生死忌寅日，男重女轻，咒誓事。

115　未日病者，小厄，未者小吉，天上乔女，主将人，故知病者困厄不死。寒热，腰背

116　痛，心中恍惚，狂言，大小便难，令人吐逆，好食生冷吟。祟在水神、司命、丈人、土公遣

117 星死鬼、客死鬼，男重女轻，鬼字阿公，亦字神公仲和，在人舍东辰地，去舍五

118 十步，糠火米人代送差。亥日小差，丑日大差，忌卯。

119 申日病者，不死，申者传送，天上主簿，生人命，故知不死。病者，头痛，寒热来

120 去有时，身体生疮见血，手痛，口噤，祟在北君、丈人遣星死鬼、断后鬼为祟，

121 鬼字伯度，亦字伯明仲卿和，在人舍东卯地六十步，秋蒲代人香火向所送。子日小差，

122 寅日大愈，生死忌辰日，男轻女重。

123 酉日病者，困，酉者从天魁[58]，天帝使者，主人命，故知困厄。西北因酒食上得，头痛，

124 胸胁腰背痛，断气吐逆，四支烦乱，不别亲疏，祟在天神、丈人、司命、土公、星

125 死鬼，星死鬼字少卿，阿闰，在人舍西鸡栖下，粮气依止树下，去舍十八、八十步，秋

126 蒲代人向其处送。丑日小差，卯日大差，生死忌巳日，男差女剧。

127 戌日病者，大重，天魁，天上北斗长史，主收人命，故知病大。头目，腰背，胸

128 胁满涨，咽喉不利，短气吐逆，四支重，乍寒乍热。祟在天神、北君、家亲丈

129 人遣星死鬼，断后鬼为祟，鬼字叔止，女止在人舍南九十步，或九十步，以

130 脂饼十番，水二杯，糠火送之。寅日小差，辰日大差，生死，忌午，男差女剧。

131 亥日病者，不死，亥者征明，南斗之神，主知生死。头痛手足烦疼，心腹热闷，

132 从外得之。祟在北君、司命、社公久许不赛，作灶非日，宅神不安，有土公，假遣

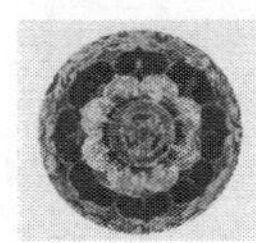

133 溺死断后鬼为祟，鬼字伯初九卿元伯，在舍东南巳地卌步，一云四步，向其处

134 送米火代人，即去。卯日小差，巳日大差，生死忌未日，男轻女重。

135 **推初得病日鬼法**

136 卜男女初得病日鬼名是谁，若患状相当者，即作此鬼形，并书符，

137 厌之，并吞及着门户上，皆大吉。书符法用朱沙，闭气作之。

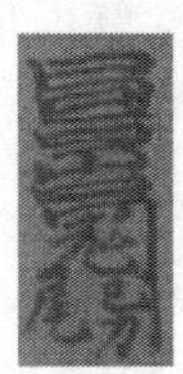

图13 符（十三）

138 子日病者，鬼名天贼，四头一足而行，吐舌，

139 使人四支不举，五藏不流，水肿大腹，半身

140 不随，令人暴死。以其形厌之，即吉。

图14 符（十四）

141 此符朱书之，病人吞之，并书着门户上，急急如律令。

142 丑日病者，鬼名是谁，天刚，青身赤面，

143 手持气袋，一足而行，令人噎寒，身体、头

144 目痛，暴死，失溺水，不利，多口舌。以其形

145 厌之，即吉。

146 此符朱书，吞之，并着门户上，急急如律令。

图15 符（十五）

147 寅日病者，鬼名同炉，黄头赤身，令人

148 吐四（血）[59]，多语言，手足不随，目不见物，日污

149 流出，从东南而来。以其形厌之，即去。

图 16　符（十六）

150 此符朱书，着病人卧处，并吞之，急急如律令。

151 卯日病者，鬼名老目离，青头赤身，好乐，

152 使人狂病，令人多唤，藏头掩口，入人家失火，

153 狂语，恍惚不安。以其形厌之，即吉。

图 17　符（十七）

154 此符朱书，病人吞之，并着门户上，急急如律令。

155 辰日病者，鬼名铁齿，赤身绿面，头上有一

156 角，好食生血，令人吐逆，寒热来去，头痛

157 足冷，目疼不视，冥冥。以其形厌之，吉。

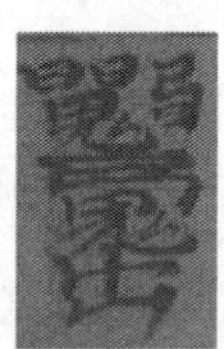

图 18　符（十八）

158 此符朱书之，病人吞之，并〔着〕门户上[60]，大吉，急急如律令。

159 巳日病者，鬼名强郎，头戴半月，一足一手，青

160 翅赤身，员转而行，令人断气，忌，胸胁、

161 吐血、心腹百节疼、身鸣。以其形厌之，吉。

162 此符书，病人吞之，并着门户上，急急如律令。

163 午日病者[61]，鬼名文卿，青身黄面，热载戴

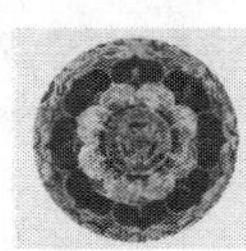

164 王，令人狂，失音，恍惚，目视物冥冥，

165 患唤身肿。以其形厌之，即吉。

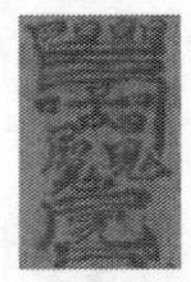

图19　符（十九）

166 此符书，病人吞之，并着门户上，急急如律令。

167 未日病者，鬼名嚾哜，狗头蛇身，两翅

168 一足，朱红面，令人吐，喉咽悲歌，或好唤

169 非时，食生肉，朝差暮剧。以其形厌之，即吉。

图20　符（二十）

170 此符朱书，病人吞之，及额上，着先门户上，急急如律令。

171 申日病者，鬼名铜聋，绿身，翼戴鱼

172 形，令人痴哑□寒热，言语污出，初瘧

173 螋寒。以其形厌之，即吉。

174 此符朱书，吞之，并着门户上，及卧处床所，大吉。

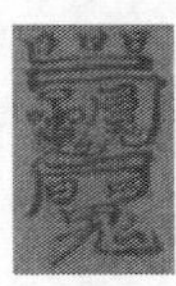

图21　符（二十一）

175 酉日病者，名耆耆，绿面非身，持气，俄

176 吐舌而行，令人狂颠，四支沉乱，不别亲疏。

177 以其形厌之，即吉。

图22　符（二十二）

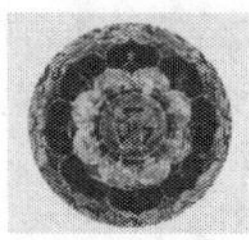

178 此符朱书，病人吞之，并着门户上，及卧处，吉。

179 戌日病者，鬼名石系，机眉生两翅，手

180 持刀而逢人即斫人，病人腹满、耳聋、

181 恶口，以其形厌之，即吉。

图23 符（二十三）

182 此符朱书，病人身上着及吞之、门户上，大吉。

183 亥日病者，鬼名东僧，赤面黄身，倒

184 脚向上出，两手讬地而行，入门令人半

185 身不随，因（咽）〔喉〕不利[62]。以其形厌之，即吉。

186 此符书病人额上并吞之，大吉，急急如律令。

（中间空四行）

187 **推得病时法**

188 夜半时病者，男重女轻，大吉病之，恐厄。何以言之，大吉之史，收人魂魄，送付天

189 曹，未去争呼。迭上师治之。三日小降，七日大差。

190 丑时病者，神后病之，不死，男轻女重，神后，南斗之子。病者手足沉重，鬼

191 史在史兑，收人魂魄，欲送天曹，未宜。呼西北师治之，吉。三日小降，七日大愈。

192 寅时，病者，男重女轻，微（征）明病之[63]，不死。何以言之，微（征）明，亥上神，病者之列，曰鬼吏，

193 在申收人魂魄，送之天牢，宜须急解之。五日小降，六日大愈。

194 日出卯时病者，男轻女重，天魁，病者不死。何以言之，天魁者王之使，病者胸

195 胁痛，吐逆，治门井，使不莽，收人魂魄，送天庭，未去。宜使兑上师解。五日小降，十日大愈。

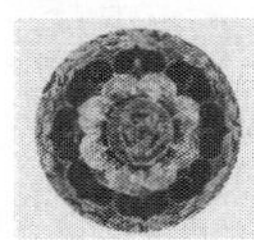

196 食时辰病者，从鬼（魁）病[64]。何以言之，从魁住（主）人（收）收（人）[65]，病者不死，祟在丈人、庭中

197 土公使君收鬼史人魂魄，欲送太山，未去。宜使艮上师解。五日小降，七日大愈。

198 巳时病者，男重女轻，小吉病之。十日间乍困、头痛、吐逆，祟在灶君史在

199 亥，欲收魂魄，送付天庭，未去。宜兑上师解。三日小降，七日大愈。

200 午时病者，男重女轻，北君不赛。宜使兑上师服白药解。七日大愈。

201 未时病者，男轻女重，胜先。何以言之，胜先，北斗之子。病者土（吐）逆[66]，寒热，心

202 腹闷，鬼吏在道，收人魂魄，送付五道，未去。宜使乾上师解。四月小降，十日大愈。

203 申时病，高贵大神许而不赛，男重女轻，宜使北方兑上师将黄药治之吉。

204 酉时病者，男轻女重，天刚病之，恐困。何以言之，天刚者，天之狱吏，病者

205 大重，鬼吏在寅地，收人魂魄，欲送天庭，未去。宜使乾上师解之。五日小降，七日大愈。

206 戌时病者，男重女轻，太冲病，天使者。头痛寒热，四支烦疼，鬼在辰，收

207 人魂魄，欲送五道，未去。宜呼离上师冷治之[67]，五日小降，六日大愈。

208 亥时病者，男轻女重，功曹病，功曹者，天之五官，主生命不死。病者头

209 痛寒热，四支不举，鬼吏在亥。宜呼南离、巽上师解。五日小降，九日大愈。

210 **右件推十二祇得病法**

211 建日病者，犯东方土公、丈人，索食，祀不了，有龙蛇为怪，家亲所为。解

212 之大吉，七日差。

213 除日病者，客死鬼所为，来去有时，耗人财物，令人斗诤，急

214 差。 满日病者，西南有所遣，宅犯，触神树，遣不葬鬼、星

215 鬼祟，解之，七日小降，十日大愈。

216 平日病者，西南有所作，犯触树神，遣不葬鬼为祟。宜须急解，五日小

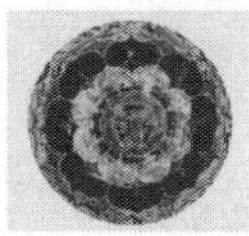

217 降，七日大差。

218 定日病者，高贵大神树所作，遣司命鬼为祟，病者心腹

219 胀满。急解之，十日大愈。

220 执日病者，天神下有宿债不赛，丈人将外鬼与人为祟。急解送，

221 七日差。

222 破日病者，犯土、家灶、土公、丈人，欲得饮食，遣死鬼为祟。急解送，五日差。

223 危日病者，犯触东南树神，丈人嗔，遣客死鬼为祟。急解送，七日差。

224 成日病者，家中斗诤，咒诅相向，宅神不安，遣断后鬼为祟，急解送，十日差。

225 收日病者，家宅君，宅神，宅神不憘，遣不葬鬼为祟。解之，八日小差，十日大愈。

226 开日病者，天神不下，有宿债不赛，丈人将外鬼来为病。遣解送，

227 三日小降，七日大愈。

（中间空三行）

228 **右件推四方神头胁日得病法**

229 朱雀日，一日八日十六日廿三日，病者司命为害，犯北君、外神、祖父母所作，谢之吉。

230 白虎头日，二日九日十七日廿四日，病者不死，丈人所为。解之，日降，七日大愈。

231 白虎胁日，三日十日十八日廿五日，病者不死，丈人将他外鬼为祟。解，五日差。

232 白虎足日，四日十一日十九日廿六日卅日，病者兄弟鬼所作。急解之吉。

233 青龙头日[68]，五日十二日廿日廿七日，病者不死，无后鬼所〔作〕[69]。急解之，八日差。

234 青龙胁日，六日十三日廿一日廿八日，病者不死，丈人时（持）地狱死鬼索来[70]，欲得食，解之吉，八日差。

235 青龙足日，七日十四日廿一日廿七日，病者连流肿而脚寒热，祟在客死鬼。解之吉。

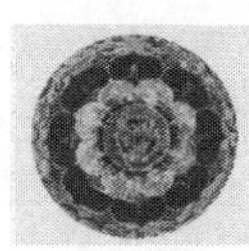

图24　符（二十四）

236　**右件推五子日病法**

237　子日病者，以索系项，欲送太山，未去，吞此符。

238　甲子病者至庚午差，星死鬼所作，求之吉。丙子日病至庚辰差，

239　〔一〕云庚申差[71]，兵死鬼作，五道吉。戊子病庚寅差，一云甲午差。

240　庚子病至丙午日差，无后鬼所作，解之吉。壬子日病者至己未差，

图25　符（二十五）

241　客死鬼作，水解之吉。

242　丑日病者，索系发及棒打头，未去，吞此符。乙丑日至辛卯差，丈

243　人、客死鬼作。丁丑日病至丙寅日差，祟在客死鬼，水解之。

244　己丑日至甲午日差，祟在丈人五道，水解。辛丑日病至丙申日差，祟

245　在土公、女子鬼，解之。癸丑日病至丁巳日差，祟在天神，解。

图26　符（二十六）

246　寅日病者，以鬼箭射着（？）人腰，吞此符。丙寅病至壬申差，星死女

247　祥鬼，谢之吉。　戊寅日病者庚戌日差，祟在客死鬼，大重，九死一

248　生。　庚寅日病至戊戌日差，祟在女祥鬼，宜道悟。壬寅日病至戊申

249　差，祟天道神作，不死，解之吉。甲寅病至戊午日差，戊午差，祟在

图27　符（二十七）

250　客死鬼，解之吉。

251 卯日病者，鬼箭射着臂入深，吞此符吉。　丁卯日病至辛酉日差，祟

252 在天神，五道巳未之角，吉。辛卯日病至丁亥日差，祟女祥鬼，解之吉。

253 癸卯日病至己酒（酉）日差[72]，〔一〕云庚寅日[73]，祟在天神，解之吉。乙卯日病者至

图 28　符（二十八）

254 辛卯日差，一云庚寅日，祟在天神，解吉。

255 辰日病者，以鬼箭射头，送太山，宜吞此符吉。　戊辰日病至甲

256 寅日差，丈人，旦暮解之。庚辰日病者丙寅日差，祟在客死鬼、山

257 神，解之吉。壬辰日病至戊戌日差，一云戊子日，祟在女子，解之。

258 甲辰日病者申日差，犯灶君，神水解之。丙辰日病至庚申日差，

图 29　符（二十九）

259 祟在灶君、土公、丈人。

260 巳日病者，赤索缚，鬼箭射人胸入深，吞此符。辛巳日病至己亥日差，一

261 云丁卯日差，祟在山神，求吉。丁巳日病者己亥日差，一云辛酉。祟在

262 灶君、土公，解之。乙巳日病至庚子日差，祟在丈人，解之。癸巳日

263 病至辛酉日差，祟在北君，土公，求之吉。己巳日病至丙子差，祟在山神、污

264 秽灶君。

265 午日病者，以鬼箭射着病人心深难差，〔吞〕此〔符〕[74]。庚午日病至丙子日差，

266 祟在山林、树神，解。壬午日病者至庚子日差，祟在客死鬼，求之吉。甲午

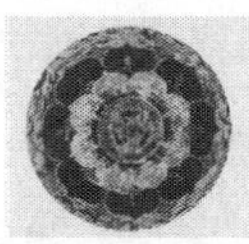

267 日病者壬子日差，犯土公，解之吉。丙午病者至庚戌日差[75]，祟在溺死鬼，

268 解之吉。戊午日〔病〕〔者〕至甲子日差[76]，祟在北君、社公，解之。

269 未日病者，以鬼箭射病人心腹，不死，宜吞此符。 辛未日病至丙子日

270 差，水解，客死鬼。癸未日病者至戊子日差，祟在北君，解之吉。乙未日

271 病至子日差，一云庚寅，断后鬼。己未日病至申子日差，祟在社公、土人，解之。

272 申日病者，以鬼箭射着人要胯，〔不〕死[77]，吞此符。 丙申日病至辛丑日差，

273 一云子日，土公、丈人。 戊申日病至甲午日差，女详鬼，解之吉。 庚申日病

274 至庚午日差，祟在星死鬼，解之吉。壬申日病者至庚午日差。

275 甲申日病至[78]。

276 酉日病者，以索系项，吞此符。 癸酉日病至辰日差，祟在井、灶、断后

277 鬼，解。乙酉日病壬午日差，祟在灶、井、断后鬼，解之吉。丁酉日病至壬午

278 日差，祟在客死〔鬼〕[79]、土公，解。辛酉日病至庚午日差，一云己卯差。祟在灶君，解。

279 戌日病者，以鬼箭射着腰，宜吞此符。 甲戌日病至申日差，一云庚辰，祟

280 在丈人，解。丙戌日病至庚寅日差，祟在外鬼、灶，求之吉。

281 戊戌日病至甲寅日差，土公宅神，解吉。庚戌日病至丙辰日差，祟

282 在丈人，解吉。壬戌日病至卯日差，祟在外神、山神，重求吉。

283 亥日病者，鬼箭射人脚，吞此符。 乙亥日病至癸丑日差，一云庚辰。

284 兵、女子鬼，求之吉。 丁亥日病至癸丑日差，祟在星死鬼，解之吉。

285 巳亥日病辰日差，女祥鬼，解之吉。 辛亥日病至丙辰日差，祟

286 在女祥鬼，解之吉。癸亥日病至戊辰日差，祟在兵死鬼，解。

287 **推十干病法**

288 甲乙日病者，青色〔人〕凶[80]，非其色吉。戊己日小重，庚辛日小差，头宜西首，吉。

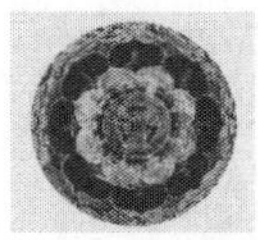

289 丙丁日病者，赤色人凶[81]，非其色吉。庚辛日小重，壬癸日小差，头宜西首，吉。

290 戊己日病者，黄色人凶，非其色吉。壬癸日重，甲乙日小差，头宜东首，吉。

291 庚辛日病，白色人凶，非其色吉。甲乙日小重，丙丁日小差，头宜南首，吉。

292 壬癸日病，黑色人凶，非其色吉。戊己日小重，丙丁日小差，头宜东首，吉。

293 右件病人皆以器盛火吉，五寸置之大吉。

294 遊年所在立得病，产乳、官事、官难，向其卦呼其神名，即殃祸自消灭，福德来至吉。

295 子生人，年九，十九，廿三，卌五，五十一，五厄不死，受命九十，得六子力。

296 丑生人，年八，十七，卅一，卌七，五十三，六十五，五厄不死，受命九十一，得三子力。

297 寅生人，年七，十六，卌七，七十一，四厄不死，受命九十，得三子力。

298 卯生人，年六，廿四，卅六，五十一，四厄不死，受命九十三，得四子力。

299 辰生人，年五，廿七，卅，五十，六十二，五厄不死，受命九十八，得三子力。

300 巳生人，年四，十九，卅四，六十，九十八，五厄不死，受命一百，得三子力。

301 午生人，年九，十八，卅四，五十四，六十一，五厄不死，受命九十，得五子力。

302 未生人，年八，廿七，卅五，五十一，六十四，五厄不死，受命九十六，得六子力。

303 申生人，年七，十三，廿四，卅七，六十六，五厄不死，受命九十六，得六子力。

304 酉生人，年六，十九，卅五，卌六，五十九，五厄不死，受命九十八，得六子力。

305 戌生人，年五，十六，卅八，卌九，五十一，五厄不死，受命九十六，得六子力。

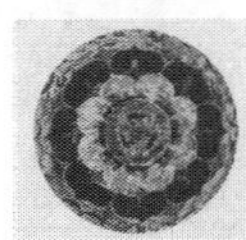

306 亥生人，年四，十九，卅四，五十七，六十六，五厄不死，受命九十，得六子力[82]。

307 凡人

308 咸通三年壬午岁五月写发病书记。

校记

［1］“十”，《五行大义·论人游年年立》：“游年凡有三名，而为二别。……二别者，游年从八卦而数，年立从六甲而行。六甲者，男从丙寅左行，女从壬申右转，并至其年数而止，即是行年所至，立于其处也。”据此及文义推补。

［2］“男立辛”，据文义补。

［3］“算”，主要表示男女行年命寿的多少，最初来自于墨家鬼神赐人寿算的观念，后方渐入谶纬、道教、佛教、禄命术数、医学等领域。这一观念至迟在西凉时期已传入敦煌，敦煌佛爷庙西凉墓葬M1：34陶钵文字“庚子六年正月水（癸）未朔廿七日己酉，敦煌郡敦煌县东乡昌利里张辅字德政薄命早终，算尽寿穷，时值八魁、九坎”。命算之说在晚唐五代归义军时期敦煌仍有较大影响，S.2404《后唐同光二年甲申岁（924）具注历日并序》为敦煌历法大家翟奉达所撰，其中“礼北斗图”下书写“葛仙公礼北斗法，昔仙公志心，每夜顶礼北斗，延年益算”。

［4］“算尽，忌娠身”，P.3896P作“算尽，妊娠厄”，P.3896P在其后有“年十八，男至癸未，算有二，水、灶厄。女至乙卯，算生，忌水□□”。

［5］“年”，据文义及残笔画补。

［6］“月日屋”，暂不明其意，疑有脱文或笔误。

［7］“忌”，据文义补。

［8］“男立癸卯”，据文义补。

［9］“一”，当作“二”，据文义改。

［10］“算有”，据文义，其后当脱命算之数。

［11］“己丑”，据文义补。

［12］“算有”，据文义，其后当脱命算之数。

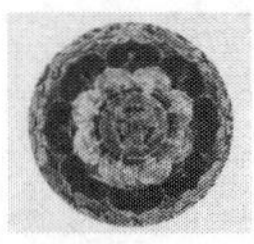

［13］“年卌”二字，据文义补。

［14］“算”，据文义补。

［15］“忌”，据文义补。

［16］“算有”，据文义，其后当脱命算之数。

［17］“午”，据文义补。

［18］“至”，据文义补。

［19］“十二”，据文义系衍文，当删。

［20］“至”，据文义补。

［21］“府”，当作“符”，据文义改，“府”为“符”之借字。以下同，不另出校。

［22］“病者唯苦头痛，谈吐逆食不可下，胸胁疼痛，恍惚有时”，笔者按：写本对疾病的言说，从敦煌术数文献来看，当时似乎有着某种术数范畴内的对应性，如 P.2859《五兆要决略》“卜病在何处”与“病状法”强调：“假令甲乙日卜得木兆，患头颈头、咽喉。丙丁日卜得火兆，患其胸、乳。戊己日卜得土兆，患其腹、腰、脊。庚辛日卜得金兆，患其主股、脚。壬癸日卜得水兆，患主手、足。……木兆克土，臃肿风病。土兆克水，眩眼暗闭。水来克火，乍寒。火来克金，身肚腰灼烂生疮。金来克木，躯支急，骨节痛。”而这些病症很可能就是中古社会所见的常见病。

［23］笔者按：此句充分反映了时人神鬼作祟的病因观，Дx.02800、Дx.03183亦有“其病者，□□神为祟，有愿不赛……生气，其年病者祟在灶神，……其年病者，宅中有寡妇鬼作之”，敦煌《发病书》、《禄命书》见载病因观与睡虎地秦简《日书》一脉相承，如“甲乙有疾，父母为祟，得之于肉，从东方来，裹以漆器。戊己病，庚有间，辛酢。若不酢，烦居东方，岁在东方，青色死。丙丁有疾，王父为祟，得之赤肉、雄鸡、酒。……戊己有疾，巫堪行，王母为祟，得之于黄色索鱼、酒。……庚辛有疾，外鬼殇死为祟，得之犬肉，鲜卵白色。……壬癸有疾，毋逢人，外鬼为祟，得之于酒脯修节肉”（甲种），睡虎地秦简《日书》（乙种）还有一种按照十二地支顺序的类似记述，如“子以东吉，北得，西闻言凶，朝启夕闭，朝兆不得，昼夕得。以入，见疾。以有疾，辰少瘳，午大瘳，死生在申，黑肉从北方来，把者黑色，外鬼父世为眚，高王父谴谪，豕

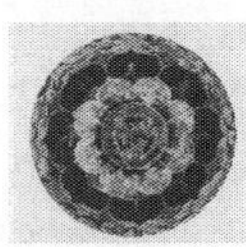

（后缺）”，这种连贯性的背后展示出神鬼致疾观念在古代社会中的牢固与持久。

[24] 本段，S.P.6《乾符四年（877）具注历日》作“行年至子，子为神后，造作□□吉，忌五月十一月”。

[25] 本段，S.P.6《乾符四年（877）具注历日》作“行年至丑，丑为大吉，□财不失吉，忌六月十二月”。

[26]“者”，据文义补。

[27] 本段，S.P.6《乾符四年（877）具注历日》作“行年至寅，寅为功曹，有贵人接司，忌正月七月”。

[28] 本段，S.P.6《乾符四年（877）具注历日》作“行年至卯，卯为太冲，有离别之厄，忌二月八月”。

[29]“到”，当作“倒”，据文义改，“到”为“倒”之借字。

[30] 本段，S.P.6《乾符四年（877）具注历日》作“行年至辰，辰为天罡，有疾病重厄，忌三月九月”。

[31]“赤”，据文义及S.6346V→羽015V→P.2978V《发病书》补。

[32] 第二个“时日”，据文义系衍文，当删。

[33]“因”，当作“咽”，据文义改。

[34]“月”，据文义补。本段，S.P.6《乾符四年（877）具注历日》作“行年至巳，巳为太一，切忌官灾口舌，忌四月十月”。

[35]“五忌”，当作“忌五”，据文义改。

[36]“微”，当作“后”，据文义改。

[37] 本段，S.P.6《乾符四年（877）具注历日》作“行年至午，午为胜先，合有喜事，已（忌）五月十一月”。

[38] 第一个“丑”，据文义系衍文，当删。

[39]“乍”，据文义补。

[40]“蛟”，当作“绞”，据文义改，“蛟”为“绞”之借字。

[41] 本段，S.P.6《乾符四年（877）具注历日》作“行年至未，未为小吉，田蚕大收吉，忌六月十二月”。

[42]“不”，底本原有两个“不”字，一在行末，一在次行行首，此为当时的一

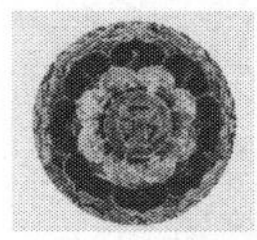

种抄写习惯，可以称为“提行添字例”，第二个“不”字应不读，故未录。

［43］本段，S.P.6《乾符四年（877）具注历日》作“行年至申，申为传送，宜出行在外，忌正月七月”。

［44］“符”，据文例补。

［45］“白”，据文义及S.6346V→羽015V→P.2978V《发病书》补。

［46］本段，S.P.6《乾符四年（877）具注历日》作“行年至酉，酉为从魁，□蛇鼠作□，忌二月八月”。

［47］本段，S.P.6《乾符四年（877）具注历日》作“行年至戌，戌为何魁，有鬼魅为灾，忌三月九月”。

［48］“忌”，当作“巳”，据文义改。

［49］“十一”，当作“十”，据文义及S.P.6《乾符四年（877）具注历日》改。本段，S.P.6《乾符四年（877）具注历日》作“行年至亥，亥为登明，□作皆成吉，忌四月十月”。

［50］“复”，当作“腹”，据文义改，“复”为“腹”之借字。

［51］“不”，据文义疑为衍文。

［52］此句后疑有脱文。

［53］“扶”，当作“浮”，据文义改，“扶”为“浮”之借字。

［54］“叚”，当作“加”，据文义改，“叚”为“加”之借字。

［55］“死”，据文义补。

［56］“在”，据文义系衍文，当删。

［57］“日”，据文义及Дx.00506＋Дx.05924补。

［58］“天”，据文义及Дx.00506＋Дx.05924系衍文，当删。

［59］“四”，当作“血”，据文义改。

［60］“着”，据文义补。

［61］“午日病者”，本组占文前缺绘厌禳符。

［62］“因”，当作“咽”，据文义改；“喉”，据文义补。

［63］“微”，当作“征”，据文义改。以下同，不另出校。

［64］“鬼”，当作“魁”，据文义改。

［65］“住”，当作“主”，据文义改，“住”为“主”之借字；“人收”，当作“收

人”，据文义改。

[66]“土”，当作“吐”，据文义改。

[67]“冷”，据文义系衍文，当删。

[68]“青龙头日”，据 S.2729《悬象西秦五州占》、日本国会图书馆藏《新雕阴阳广济百忌历》，此条占文前当脱“玄武日”相关占文[①]。

[69]“作”，据文义补。

[70]“时”，当作“持”，据文义改。

[71]“一”，据文义补。

[72]“酒”，当作“酉”，据文义改。

[73]“一”，据文义补。

[74]“吞”，据文义补；“符”，据文义补。

[75]“戊”，据文义，疑当作“午”。

[76]“病者”，据文义补。

[77]“不”，据文义补。

[78] 此句有脱文。

[79]“鬼”，据文义补。

[80]“人”，据文义补。

[81]“人”，《敦煌占卜文献与社会生活》漏录。

[82] 本组占文，《医心方》引《产经》“相子男生日法第八”、“相子女生日法第九”载有类似占法，如“子日生男子，三日三月不死，乐，年至七十二甲子死，属桑木。一云九年不死，为人君，终利父母。”

---

① 参见陈于柱、张福慧：《敦煌藏文本 S.6878V〈出行择日吉凶法〉考释》，《首都师范大学学报》（社会科学版）2012 年第 6 期，第 18 页。

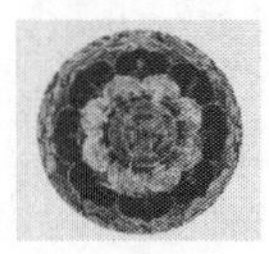

参考文献

[日] 菅原信海：《占筮书》，《讲座敦煌》（5），东京：大东出版社，1992年，第458页。

黄正建：《敦煌禄命类文书述略》，《中国社会科学院历史研究所学刊》第1集，北京：社会科学文献出版社，2001年，第253页。

黄正建：《敦煌占卜文书与唐五代占卜研究》，北京：学苑出版社，2001年，第35、124、136页。

刘永明：《敦煌道教的世俗化之路：敦煌〈发病书〉研究》，《敦煌学辑刊》2006年第1期，第69页。

陈于柱：《区域社会史视野下的敦煌禄命书研究》，北京：民族出版社，2012年，第58、174、277—291页。

王晶波：《敦煌占卜文献与社会生活》，兰州：甘肃教育出版社，2013年，第451—452页。

郑炳林、陈于柱：《敦煌占卜文献叙录》，兰州：兰州大学出版社，2014年，第145—148页。

Marc Kalinowski ,*Divination et sociétédans la Chine médiévale. Etudedes manuscripts de Dunhuang de La Bibliothèdque nationale de France et du British Museum*.Paris: Bibliothèque Nationale de France，2003，pp.478、498-501.

S.6196V→S.6346V→羽 015V→P.2978V《发病书一卷》

释文

（前缺）

图 1　符（一）

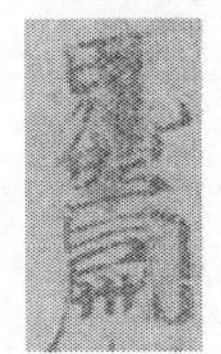

图 2　符（二）

1　金日病者[1]，男[2]

2　木日病者，男吉女凶[3]，木是青龙

3　水日病者，男吉女〔凶〕[4]，水是

4　火日病者，男凶女吉，火是　　吉，以水着病头[5]。

5　土日病者，男凶女吉，土是　　男凶女吉，以土着病（？）头[6]。

6　正月病者，鬼从南来。二月病者[7]，鬼从东南来。

7　三月病者，鬼从南方来。四月病者，鬼从西南来。

8　五月病者，鬼从西方来。六月病者[8]，鬼从西北来。

9　七月病者[9]，鬼从北方来。八月病者，鬼从东北来。

10　九月病[10]

11 上来

12 从

13 □□

14 □

15 □□

16 □□

17 凶，非时

18 死鬼

（中缺）

（以下为S.6346背）

19 日汗（愈）吉[11]，有北君不赛，谢之吉

20 巳 时病者[12]，青色凶，男重女轻□

21 上灶君、北君许言不赛

22 方土公，病者不□□日 门、户所作，急解谢

23 吉。忌在申。

24 午时病者[13]，青色凶，男重女轻。□□病之。十日间困，头痛，祟

25 在北君[14]、灶〔神〕[15]，有许言不赛，及道□□□神不祷，犯南方土公，

26 病者不死[16]，七日差。忌在未。

27 未时病者，男吉女凶。胜先病之，困厄，黄色凶。亥未，吐

28 逆短气[17]，心腹胀满，祟在树神、家亲鬼索食，丈人所作，

29 病者不死[18]，四日得汗（愈），十三日大□，家有□诅言谢不□□

30 □□□犯南方土公。忌在寅。

31 申时病者，男重女轻。太一病之，恐困。何以知之，太一者，天上

32 □□故知困。头目痛，祟在□□男子鬼，出神所作愿

33 □背痛，大神前有许言□□犯西方土公。从丧家得

34 □病者丈人文绝不祭祀，不葬鬼为祟，十二日汗（愈），吉。忌在寅。

35 酉时病者，男差女剧。天罡病之，恐困。何以言之，天魁（罡）者[19]，天

36 上狱吏，故知困也。头目痛，祟□□男子鬼、及山神来，不

37 赛北君，许言不赛，□□□□鬼、丈人为祟，犯家中

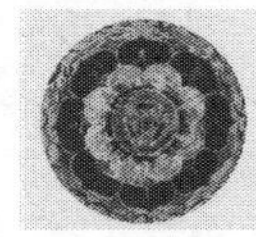

38 土公凶，青色凶。急解谢 吉[20]。忌在辰[21]。

39 戌时病者[22]，男重女轻。〔太〕冲病之[23]，不死。何以言之，太冲者，天上

40 □吏，令人头目痛、乍寒乍热。□色凶。祟在故灶及外□

41 □西方土公，共客死鬼、星死□□□来为祟，道逢悮

42 □作。五日小差，八日汙（愈），吉。急解谢 之吉[24]。忌在午。

43 亥时病者，男差女剧，功曹病之[25]，不死。头痛，四支不举，

44 短气。黑色凶。祟在社公咒诅□□灶、外神不赛。病者

45 见血、苦痛。道逢悮□□□□□坐，犯南方土公。五日小

46 差，七日汙（愈），吉。急解谢之 吉[26]。忌在未。

47 子时病者，男重女轻，大吉 □□大吉者[27]，天上吏者。注心腹

48 满痛，〔短〕气[28]。黑色凶。祟在□□□方土公、庭中土发灶在□

49 共死不葬鬼为祟，又女子鬼为祟。五日小差，七日汙（愈），吉。宜

50 急解谢之，吉。忌在巳。

51 建日病者，头痛、心腹□□□□兵死鬼犯，碓硙上，男

52 左女右。建者，天地男女皆□。

53 除日病者，心腹下利、烦满惊□。祟在灶君，犯北方土〔公〕[29]。行年

54 客死鬼、女子鬼所作。四道，解□，吉。

55 满日病者，患心腹痛，祟在□□犯行年、土〔公〕[30]。男重女轻，又

56 外神、父母、四道，时不祀。解谢之吉。

57 平日病者，患腰、心腹痛、下利、短气、不能言语。祟在家

58 神不赛，迳年二日五日差。男重女轻[31]，解之吉。

59 定日病者，不语、心腹痛。祟在丈人、司命、父母，四时不祭祀，星

60 □男子鬼所作。解谢之吉。

61 执日病者，手足烦疼、臂痛。祟在前夫后妇，及北君、客

62 死鬼所作，犯东宅西宅。男吉女凶[32]。解谢之吉。

63 破日病者，心腹胀满、头目痛、腰背手足烦疼。祟在

64 北君咒诅、兵、墓、土。男吉女凶。解谢之吉[33]。

65 危日病者，寒热、头目痛、腰背、心腹满。祟在家亲神

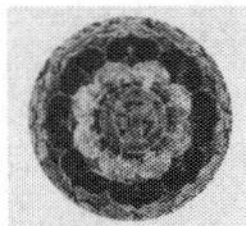

66 □治灶、家中不和、咒诅、丈人嗔□。男吉女凶。解谢之吉。

67 成日病者，头痛、心腹胀满、四支不举[34]，□人、不葬及无后鬼所

68 作[35]。男吉女凶。十一日□即差

69 收日病者[36]，头痛、心腹痛、手足神、灶君、家□

70 □□五日差。男轻女重。谢之吉[37]。

71 开日病者，目痛、欧（呕）吐[38]，求灶□□祟在门、户、井、灶、丈人，心腹痛，

72 即女鬼为祟。男重女轻。愈，谢之吉。

73 闭日病者，咽喉不通，小便不利，四支不举，面目肿，腹中

74 急痛，不能食，由寒水□□□□谢之吉。

75 朱雀日，月一日、九日、十七日、廿五日，病者男轻女重，司命鬼

76 □□犯北君、外神、祖父母□□作。急谢之吉，即差。

77 白虎胁日，月二日、十日、十八日、廿六日，病者不死，丈人所为。解之。

78 降七日大愈。

79 病者不死，丈人□外鬼

80 兄弟鬼所为祟。□解之。

（中缺）

（以下为羽 015 背）

81 兵死鬼所作，大神食饮不净[39]

82 食上得之，亦有父母不赛，急[40]

83 日，抄此鬼名，送之即差。

84 年立在丑，青色人苦，忌六[41]

85 时，以此日月时，勿西南东北[42]

86 死一生，何以知之，建破时年，故知十[43]

87 占病者，心腹胀满、胸胁痛

88 □□□□

（中缺）

（以下为 P.2978 背）

89 满□气□

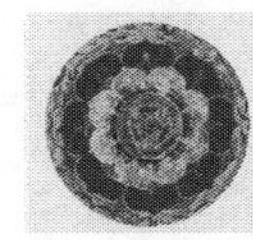

90 □神不死鬼，男子客死无后[44]［　　　　］东北土公水
91 上神，亦有别食，丈人将客死鬼来，欲得食，宜急
92 谢之吉。以此日月时，不得正东正西行，凶，忌正月、七月，
93 寅、申日忌之。七。
94 年立卯，青色人苦，忌二月、八月，日忌卯、酉，时忌日出、日入
95 时。已（以）此日月时[45]，不得正东正西行，凶。吊丧问病，凶。若得
96 病者，十死一生。建破临其年，故知十死一生。非其时日
97 月，不死。占病者，头痛、颈项强，眼精（睛）玄疼[46]、心腹皎（绞）
98 痛[47]、脚昳跌肿[48]、食饮不下、吐逆、□痛。祟在家丈人、
99 犯东方土公、门、户、井、灶，有言不赛，有失骸骨客死鬼
100 □作、有苟（狗）鼠作怪[49]、见血。宜急解谢之，差。忌二月、八
101 月，卯、酉日，忌之。
102 年立辰，黄色人苦，忌三月、九月，日忌辰、戌，时忌食时、黄
103 昏食时[50]。以此日月时，勿东南西北行。到丧家吊死
104 问病，凶。若得病者，十死一生，何以知之，建破临其年，
105 故知十死一生。非其日月，不死。占病者，头痛、手足烦疼、
106 腰背急强、身体寒热、气息不定，热满□□
107 安、梦悟颠到（倒）[51]、恒见死人。祟在天神北君所作，复有
108 □命丈人为祟，犯东南土公，水上河伯将军，共来作病，
109 树神边有祷不赛，今遣星死女子不葬鬼所作。急
110 解谢之吉。忌三月、九月，辰、戌日忌之。
111 年立巳，赤色人苦，忌四月、十月，日忌巳、亥，时忌隅中、人定。以此
112 日月时[52]，勿东西南北行，到丧家吊死问病，凶。若得病
113 者，一（十）死一生[53]，非其时日月，不死。占病者，头痛、咽喉不利、
114 腹中乱痛、上气连心、吐逆、注来入出、腰背急强、
115 眉眼手足烦痛、四支不举、不能行步、寒热□退、
116 食饮不下[54]。祟在年□□发灶，许言不赛，有家亲
117 丈人共□公勾东南非注[55]，无后星死男女鬼所作，及外
118 □北君神边，肫羊不赛，与而不当，令遣兵死伯叔

119 □病之，更有丈人欲取任（妊）身（娠）妇女[56]，卒得病难差。亦

120 □□有余算，小困，家口舌分异不和，当为苟（狗）鼠作

121 怪，马牛六畜卒死，连及三人病，急解谢之吉。

122 忌四月、十月，忌巳、亥日，忌之。

123 年立午，赤色人苦，忌五月、十一月，日忌子、午，时〔忌〕日中[57]、夜半。以

124 此日月时，勿南行，到丧家吊死问病，凶。若得病者，十死一生，

125 何以知之，建破临其年，故知十死一生。非其日月，不死。

126 占病者[58]，头痛、心腹胀满、上气、身体雍（臃）肿[59]、楚痛咽（？）喉（？），

127 吐逆不食、乍卧乍起、口不能言。祟在父母、社公、灶君，

128 又（有）祷不赛[60]。亦有北君共星死断后鬼[61]、不葬鬼为祟，

129 有外注来入胸，大神前有肫羊不赛，是以丈人不得入

130 圹，兵死鬼在头，病之，困有宗后别离，诤讼，财损。

131 急解谢之吉。忌五月、十一月，巳（午）[62]、卯（子）日忌之[63]。

132 年立未，黄色人苦，忌六月、十二月，日忌丑、未，时忌鸡鸣、日

133 昳。以此日月时，勿西南东北行，凶。到丧家吊死问病，

134 凶。若得病者，十死一生，何以知之，建破临其年，故知

135 十死一生。非其时日月，不死。占病者，头目悬（眩）痛[64]、胸

136 胁短气、四支不举、手足烦疼、乍寒乍热、腰背

137 □强、心下坚强、朝差暮剧。祟在天神北君、井、山林、

138 神鸡，债不赏（偿）多有年岁[65]，秽污，与而不当，神明前羊

139 债不赛。今遣兵死鬼共女祥鬼来作，病大长及小口，

140 更有疫死、溺死不葬鬼所作。又犯辰巳出，令人手足烦

141 疼、食饮不下，病从外来得之，灶君、土公共星死鬼病

142 之，恍惚不死，有余算。家心孤寡妇女共居，内外相被

143 伤，亡遗不安，口舌相连，三人争讼，移动居受三过水

144 头。解之差。忌六月、十二月，忌丑、未，忌之吉。

145 年立申，白色人苦，忌正月、七月，日忌寅、申，时忌平旦、晡时。

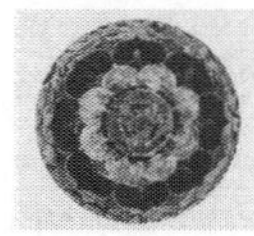

146 已（以）此日月时，勿西南东北行，凶。勿到丧家吊死问病，凶。□

147 病者，十死一生，何以知之，建破临其年，故知十死一生。非其

148 时日月不死。占病者，头痛、眼精（睛）玄痛、寒热、心腹胀

149 满、四支不举、吐逆不食、面色变赤、胸胁痛、口舌咽喉

150 不利、眠卧不安、创肿迟差。祟在黄色男子鬼所作，

151 外神北君，鸡肫债，许言不赛，又负神衣为言，犯西方

152 土，丈人将客死鬼来病之，家中动治门户，有星死

153 女祥鬼共非（飞）尸来为祟[66]，更有鬼，名山林土地之神，

154 令人困重，引日不死，有余算，法忧取众孤儿寡妇，

155 口舌相连，呼钱财，凶。宜急解谢之，吉。忌正月、七月，日忌

156 寅、申，忌之。

157 年立酉，白色人苦，忌二月、八月，日忌卯、酉，时忌日出、日入时，

158 以此日月时，勿〔正〕西正东行[67]。勿到丧家吊死问病[68]，凶。若得病者，

159 十死一生[69]，何以知

（后缺）

校记

［1］“病”，据文义及 P.4732V＋P.3402V 补。

［2］“男”，据残笔画及 P.4732V＋P.3402V 补。

［3］“吉”，P.4732V＋P.3402V 脱。

［4］“凶”，据文义补。

［5］“病头”，P.4732V＋P.3402V 作“头边”。

［6］“病头”，P.4732V＋P.3402V 作“病头边”。

［7］“二月病”，据 P.4732V＋P.3402V 补。

［8］“六”，据残笔画及 P.4732V＋P.3402V 补；“病”，据残笔画及 P.4732V＋P.3402V 补。

［9］“七”，据 P.4732V＋P.3402V 及文义补。

［10］“九月病”，据残笔画及 P.4732V＋P.3402V 补。

[11]“汙”,《敦煌占卜文献与社会生活》释作“行”,误,当作“愈”,据文义改,“汙”为“愈”之借字。以下同,不另出校。

[12]“巳时”,据文义补。

[13]“午”,据文义补。

[14]“在”,据文义补。

[15]“神”,据文义补。

[16]“病”,据文义补。

[17]“逆”,据文义补。

[18]“病”,据文义补。

[19]“魁”,当作“罡”,据文义改。“天罡”与卷中“胜先”、“太一”、“太冲”、“功曹”、“大吉”等,俱为古代六壬十二神,其在敦煌本《宅经》的排布顺序为太一、天罡、太冲、功曹、大吉、神后、征明、河魁、从魁、传送、小吉、胜先①,本件六壬十二神的先后顺序与之相同。

[20]“谢吉”,据文义补。

[21]“忌”,据文义补。

[22]“戌”,据文义补。

[23]“太”,据文义补;“之”,据文义补。

[24]“谢之”,据文义补。

[25]“曹”,据文义补;“之”,据文义补。

[26]“之吉”,据文义补。

[27]“吉”,据文义补。

[28]“短”,据文义补。

[29]“公”,据文义补。

[30]“公”,据文义补。

[31]“女”,据文义及P.4732V+P.3402V补。

[32]“女凶”,据文义及P.4732V+P.3402V补。

[33]“之”,据文义补。

[34]“举”,据文义补。

① 参见陈于柱:《敦煌写本宅经校录研究》,北京:民族出版社,2001年,第105、106页。

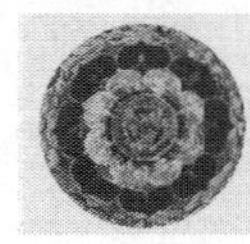

[35]“作”，据文义及P.4732V+P.3402V补。

[36]“收日病”，据文义及P.4732V+P.3402V补。“收”为古代建除十二神之一，其在敦煌本《宅经》的排布顺序为建、除、满、平、定、执、破、危、成、收、开、闭①，本卷建除十二神的先后顺序与之相同。

[37]“吉”，据文义补。

[38]“欧”，当作“呕”，据文义改，“欧”为“呕”之借字。

[39]“食饮”，《日本杏雨书屋藏敦煌道教及相关文献研读札记》释作“饮食”，底本实无倒乙符号，改变原文顺序并无依据。原卷另附有题签“发病书一卷”，笔迹与占文略有不同。

[40]“急”，《敦煌占卜文献与社会生活》释作“净”，误。

[41]“六”，《日本杏雨书屋藏敦煌道教及相关文献研读札记》释作“未”，误。本卷《推年立法》宜忌书写的知识来源，主要取自古代以十二地支、十二月、五色、方位以及彼此的对冲观念，如卷中“年立卯，青色人苦，忌二月八月”，即卯属五行五色之中的东方青色，月份对应于二月，与卯具有对冲关系的则是酉，其月份为八月。按照古代占卜观念，对冲关系的双方应加以禁忌。据此可推本句“年立在丑，青色人苦”，其月份之禁忌应为“六月十二月”。

[42]“北”，《日本杏雨书屋藏敦煌道教及相关文献研读札记》、《敦煌占卜文献与社会生活》释作“坎”。按照上述原理，“年立在丑”中丑对应的方位为西南，所冲之方位应为东北。

[43]“十”，《敦煌占卜文献与社会生活》释作“也”，误。

[44]“客死无后”，《敦煌占卜文献与社会生活》释作“鬼”，按底本实无“鬼”字。

[45]“已”，当作“以”，据文义改，“已”为“以”之借字。以下同，不另出校。

[46]“精”，当作“睛”，据文义改，“精”为“睛”之借字。

[47]“皎”，当作“绞”，据文义改，“皎”为“绞”之借字。

[48]“眣”，据文义系衍文，当删。

① 参见陈于柱：《敦煌写本宅经校录研究》，北京：民族出版社，2001年，第107页。

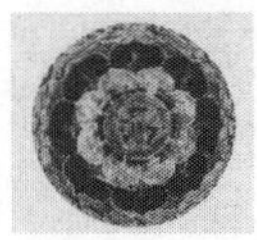

[49]“苟”，当作“狗”，据文义改，“苟”为“狗”之借字。以下同，不另出校。

[50]“昏”，据文义补；“食时”，据文义系衍文，当删。

[51]“到”，当作“倒”，据文义改，“到”为“倒”之借字。

[52]“以此”，据文义补。

[53]“一”，当作“十”，据文义改。

[54]“食”，据文义补。

[55]“丈”，据文义补。

[56]“任”，当作“妊”，据文义改，“任”为“妊”之借字；“身”，当作“娠”，据文义改，“身”为“娠”之借字。

[57]“忌”，据文义补。

[58]“占”，据文义补。

[59]“雍”，当作“臃”，据文义改，“雍”为“臃”之借字，《敦煌占卜文献与社会生活》径释作“臃”。

[60]“又”，当作“有”，据文义改，“又”为“有”之借字。

[61]“星死”，《敦煌占卜文献与社会生活》释作“星死鬼”，按底本实无“鬼”字。

[62]“巳”，当作“午”，据文义改。

[63]“卯”，当作“子”，据文义改。

[64]“悬”，当作“眩”，据文义改，“悬”为“眩”之借字。

[65]“赏”，当作“偿”，据文义改，“赏”为“偿”之借字。

[66]“非”，当作“飞”，据文义改，“非”为“飞”之借字。《外台秘要方》记载有“飞尸方三首”。

[67]“正”，据文义补。

[68]“家吊”，据文义补。

[69]“十死一”，据文义补。

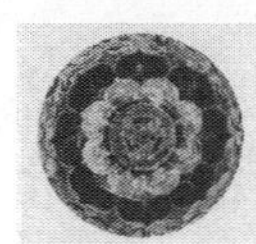

参考文献

刘永明：《日本杏雨书屋藏敦煌道教及相关文献研读札记》，《敦煌学辑刊》2010 年 3 期，第 75—76 页。

王晶波：《敦煌占卜文献与社会生活》，兰州：甘肃教育出版社，2013 年，第 458 页。

黄正建：《敦煌占卜文书与唐五代占卜研究》（增订版），北京：中国社会科学出版社，2014 年，第 125 页。

陈于柱：《日本杏雨书屋藏敦煌本〈发病书〉残卷整理与研究》，《敦煌吐鲁番研究》第 15 卷，上海：上海古籍出版社，2015 年，第 521—532 页。

Marc Kalinowski, *Divination et sociétédans la Chine médiévale. Etudedes manuscripts de Dunhuang de La Bibliothèdque nationale de France et du British Museum.*Paris: Bibliothèque Nationale de France, 2003, pp.501-506.

P.4732V＋P.3402V《发病书·推十干病法、推得病时法、推十二衹得病法、推五行日得病法等（拟）》

释文

（前缺）

1 病□□

2 衣，病□卧□水/解谢之吉。

3 戊己日病，□时病者，黄色者凶，/非其时、色不死。祟在□

4 人将客死鬼来呼，□□□为酒食上/得之。病者若心腹满、

5 吐逆、短（？）气、咽喉痛、□□病当见血，/户门次来病之。取水去

6 头（？）九寸安之，□黄衣，东首卧，辰戌/丑未日丑。

7 庚辛日，晡时病者，白色者凶，/非其时、色不死。祟〔在〕〔北〕君

8 琭（录）病人魂魄[1]，祟在北君发灶，/许言不赛，病人大急

9 壬癸日小差，忌丙子日。取水去

10 者床前卧吉。

（中间空约四行）

11 壬癸日病者，未时得病者，黑色人苦，非时、色不死，祟在

12 □为酒食上得之。因祠灶、客死鬼、野鬼、不葬鬼、溺死

13 鬼共来作祟，又犯西方土公。病者四支不举、令人腹痛、

14 注气、咽喉不利、下部闭塞，悮鬼所作。甲子日小差，戊戌巳日

15 取水去头九寸安之[2]，以黑衣，病者南手（首）卧枕之吉。宜

16 排（？）汤洗头，吉。宜急解之吉。

17 寅时，病者，男重女轻，青色吉吉（凶）[3]，徵明，病者客（？）

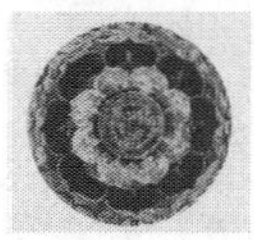

□灶君、宅神、犯西方土。病者乍寒乍热，七□□午未，四道倮鬼、外养索食。申日忌。 卯时病者，男差女剧，天刚病之，赤色者凶，祟在东方治门户、发灶，又人祷，不葬鬼、四道逢倮为之。病者胸胁、心腹胀满痛，来去有时，土公病者，不三日五日汙（愈）吉[4]。在（再）有外绝后鬼不赛[5]，急解谢之吉。

辰时病者，青色者凶，男重女轻，从魁病之，祟在星死女子鬼，犯西方土公，从南来，病人腰跨（胯）痛[6]，丈人所（索）[7]，七日差，九日汙（愈）吉。有北君不赛，谢之吉。忌在申。

巳时病者，青色凶，男重女轻，传送病之，十日困重，头痛，上灶君、北君，许言不赛，道路水上神人，祷不赛，犯南方土公，病者不死，七日差，坐动治门户所作，急解谢之吉。忌在申。

午时病者，青色凶，男重女轻，小吉病之，十日间困，头痛，祟在北君、灶，有许言不赛，及道路、水上神久（不）祷[8]，犯南方土公，病者不死，七日差。忌在未。

未时病者，男吉女凶，胜先病之，困辰（厄）[9]，黄色凶，亥味吐逆，短气，心腹胀满，祟在树神、家亲鬼索食，丈人所作，病者不死，四日得汙（愈），十三日大差，家有啁（咒）咀（诅）言语[10]，有人祷不赛，犯南方土公，忌在寅。

申时病者，男重女轻，太一病之，恐困。何以知之，太一者，天上长吏，故知困。头目痛，祟在自力男子鬼，出□作，胸胁背痛，大神前有许言不赛，犯西方土公。从丧家得之，病者，丈人文绝不祭祀，不葬鬼为祟，十二日汙（愈）。忌在寅。

酉时病者，男差女剧，天罡病之，恐困。何以言之，天魁（罡）者[11]，天上狱吏，故知困也。头目痛，祟在自力男子鬼、及山神来，不赛北君，许言不偿，道逢倮鬼，丈人为祟，犯家中土

47 公凶，青色凶，急解谢之吉。忌在辰。

48 戌时病者，男重女轻。〔太〕冲病之[12]，不死。何以言之，太冲者，

49 天上兵吏，令人头目痛、乍寒乍热。赤色凶。祟在故

50 灶及外神，犯西方土公，共客死鬼、星死女子鬼来为

51 祟，道逢偄鬼所作。五日小差，八日汗（愈），吉。急解谢之吉。

52 忌在午。

53 亥时病者，男差女剧，功曹病之，不死。头痛，四支不举，

54 短气。黑色凶。祟在社公咒诅求灶、外神不赛。病者

55 见血、苦痛。道逢偄兵死鬼所作坐，犯南方土公。五日小

56 差，七日汗（愈），吉。急解谢之吉。忌在未。

57 子时者（病）病（者）[13]，男重女轻，大吉病之，大吉者，天上吏者。注心腹、

58 头痛，〔短〕气[14]。黑色凶。祟在北君，犯〔□〕方土公[15]，庭中土发灶，

59 在外兵死不葬鬼为祟，又女子鬼为祟。五日

60 小差，七日汗（愈），吉。宜急解谢之吉。忌在巳午。

61 建日病者，头痛、心腹下利，烦满惊恐。祟在灶君，犯北

62 方土、行年，客死鬼、女子鬼所作。四道解之吉。

63 除日病者，心腹下利，烦满惊恐。祟在灶君，犯北方土行

64 年，客死鬼、女子鬼所作。死（四）道解之吉[16]。

65 满日病者，患心腹痛，祟在灶君，犯行年土。男重女轻，

66 有外神、父母、死（四）道时犯[17]。解谢之吉。

67 平日病者，患腰、心腹痛、下利、短气、不能言语。祟在家〔神〕

68 不赛[18]，经年二日五日〔差〕[19]。男重女轻，解之吉。

69 定日病者，不语、心腹痛。祟在丈人、司命、父母，四时不祭祀，星

70 客男子鬼所作。解谢之吉。

71 执日病者，手足烦疼、臂痛。祟在前夫后妇，及〔北〕君[20]、客

72 死鬼所作，犯东宅西宅。男吉女凶。解谢之〔吉〕[21]。

73 破日病者，心腹胀满、头目痛、腰背手足烦疼。祟在

74 北君咒诅、兵、墓、土。男吉女凶。解谢之〔吉〕[22]。

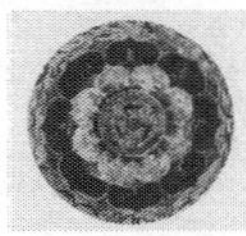

75 危日病者，寒热、头目痛、腰背、心腹满。祟在家亲

76 神、坐治灶、家中不知、咒诅、丈人嗔怒。男吉女凶。解谢之吉。

77 成日病者，头痛、心腹胀满、四支不举，丈人、不葬及无

78 后鬼所作。男吉女凶。十一日吐即差。谢之吉。

79 收日病者，头痛、心腹痛、手足烦疼。祟在井神、灶君、家

80 神不喜。五日差。男轻女重。谢之吉。

81 开日病者，耳痛、欧（呕）吐[23]，求灶吉。祟在门、户、井、灶、丈人，心

82 腹痛，妇女鬼〔为〕祟[24]。男重女轻。愈，谢之吉。

83 闭日病者，咽喉不通、小便不利、四支不举、面目肿、腹中

84 急痛、不能食，由寒水祷（？）山神。谢之吉。

图1　符（一）

图2　符（二）

85 金日病者，男凶女吉，金是白虎，故知男凶女吉。以火着病人头边，吉。

86 木日病者，男〔吉〕女凶[25]，木是青龙，故知男吉女凶。以金着病人头边，吉。

87 水日病者，男吉女〔凶〕[26]，水是玄武，故知男吉女凶，以土着病人头边。

88 火日病者，男凶女吉，火是朱雀，故男凶女吉，以水着头边。

89 土日病者，男凶女吉，土是勾陈，故知男凶女吉，以土着病〔人〕头边[27]。

90 正月病者，鬼从南来。二月病者，鬼从东南来。

91 三月病者，鬼从南方来。四月病者，鬼从西南来。

92　五月病者，鬼从西方来。六月病者，鬼从西北来。

93　七月病者，鬼从北方来。八月病者，鬼从东北来。

94　九月病者，鬼从大门来。十月病者，鬼从厕上来。

95　十一月病者，鬼从灶边来。十二月病者，鬼从井上来。

96　闰月病者，鬼从碓硙来。

97　右此十二月病者，知鬼来处，捉排栓，依方啄入地，厌之吉。

98　年立子，黑人色者凶，忌五月十一月，忌子午时，忌子日时。以此日及

99　时不得正南正北行，凶。勿得到丧家吊死问病。得病者十死

100　一生，何以知之，建破临其年，故知十死一生。非其时日月，不死。

（中间空约两纸）

101　ban vde（de）hing an dang ban vde（de）hywa dar dang cung lag ten li kun dar（僧人恒安、僧人慧达和钟腊田、李君达）[①]

校记

［1］“在北”，据文义补；“琭”，当作“录”，据文义改，“琭”为“录”之借字。

［2］“日”，底本原有两个“日”字，一在行末，一在次行行首，此为当时的一种抄写习惯，可以称为“提行添字例”，第二个“不”字应不读，故未录。

［3］第一个“吉”，据文义系衍文，当删；第二和“吉”，当作“凶”，据文义改。

［4］“汙”，当作“愈”，据文义改，“汙”为“愈”之借字。以下同，不另出校。

［5］“在”，当作“再”，据文义改，“在”为“再”之借字。

［6］“跨”，当作“胯”，据文义改，“跨”为“胯”之借字。

［7］“所”，当作“索”，据文义改，“所”为“索”之借字。

［8］“久”，当作“不”，据文义改。

［9］“辰”，当作“厄”，据文义改。

［10］“啁”，当作“咒”，据文义改，“啁”为“咒”之借字；“咀”，当作“诅”，“咀”为“诅”之借字。

［11］“魁”，当作“罡”，据文义改。

---

① 本条藏文拉丁转写与汉译文由陈践践教授释录、教示，特致谢忱！

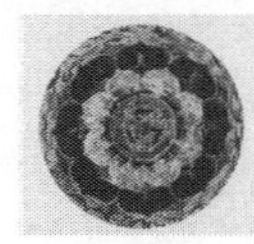

［12］“太”，据文义补。

［13］“者病”，当作“病者”，据文义改。

［14］“短”，据文义补。

［15］“囗”，疑当补作“北”字。

［16］“死”，当作“四”，据文义改，“死”为“四”之借字。

［17］“死”，当作“四”，据文义改，“死”为“四”之借字。

［18］“神”，据 S.6196V→S.6346V→羽 015V→P.2978V 及文义补。

［19］“差”，据 S.6196V→S.6346V→羽 015V→P.2978V 及文义补。

［20］“君”，据 S.6196V→S.6346V→羽 015V→P.2978V 及文义补。

［21］“吉”，据 S.6196V→S.6346V→羽 015V→P.2978V 及文义补。

［22］“吉”，据 S.6196V→S.6346V→羽 015V→P.2978V 及文义补。

［23］“欧”，当作“呕”，据文义改，“欧”为“呕”之借字。

［24］“为”，据 S.6196V→S.6346V→羽 015V→P.2978V 及文义补。

［25］“吉”，据文义补。

［26］“凶”，据文义补。

［27］“人”，据文义补。

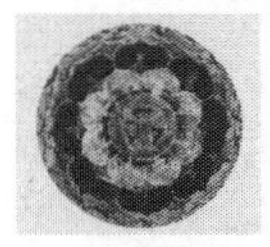

参考文献

潘重规：《简谈几个敦煌写本儒家经典》，《孔孟月刊》第25卷第12期，1986年，第2页。

［日］池田温：《中国古代写本识语集录》，东京：东京大学东洋文化研究所，1990年，第446页。

李正宇：《敦煌古代硬笔书法》，《中国文化大学中文学报》1993年第1期，第7—8页。

许建平：《敦煌经籍叙录》，北京：中华书局，2006年，第358页。

王晶波：《敦煌占卜文献与社会生活》，兰州：甘肃教育出版社，2013年，第455—456页。

郑炳林、陈于柱：《敦煌占卜文献叙录》，兰州：兰州大学出版社，2014年，第150—151页。

Marc Kalinowski, *Divination et sociétédans la Chine médiévale. Etudedes manuscripts de Dunhuang de La Bibliothèdque nationale de France et du British Museum.* Paris: Bibliothèque Nationale de France，2003，p. 503.

Дх.00506＋Дх.05924《推得病日法（拟）》

释文

（前缺）

1 鬼字小光，在午地，去舍九十步□□

2 □□日小除，戌日大差，生死忌丑日。巳日病者□

3 □□病人赤黑色，头痛，咽、项强直，手

4 蹉跌，所病见血。祟在养鬼、灶君不去，虚耗（下缺）

5 字叔（公）孙各（叔）[1]，〔一〕〔名〕阿贵[2]，在舍东寅地，去舍七十步，以/米人代送之。酉日小差[3]，亥日大

6 差[4]，生死忌丑日寅日。午日病者，小困，午者，/胜光，天上都尉，信（言）教清严[5]，故

7 知小困不死。其病人赤色，头嗔（项）强直[6]，咽喉/痛，四支不举，食饮不下，乍寒

8 生热，起卧不安。祟在灶君、丈人、土公，/断后鬼依正舍南门上与人为

9 祟。病人狂言恍惚，自视冥冥。鬼字伯/明[7]，在舍东寅地[8]，去舍七十步，又去七步。以

10 香火蒲人代送之。戌日小除，子日大差[9]。/未日病者，小厄，未者天

11 上憍女[10]，主知人命，故知不死。其患者寒热，/腰背痛，心中恍惚，狂言，

12 大小便难，令人吐逆，好食生冷。祟在水/神、司命、丈人、土公遣腥死

13 鬼[11]，男差女重，鬼字何光名公神，在辰/地，吉（去）舍五十步[12]，以糠米人

14 香火代送。亥未日小除，丑日大差。忌卯日。申/日病者，不死，申者传送，天〔上〕

15 之（主）簿[13]，主生人明，故知不死。病人头痛寒热/乍来乍去，身体主疮，见血，

16 手足烦疼　　在北君、丈/人遣客死鬼、断后鬼为祟。

17 　　步。□/□□人代送及香火□□送之。

18 　　病者，困，酉者从魁　　

19 　　痛胸胁腰背　　

20 　　司命、土　　

（后缺）

校记

［1］“叔”，当作“公”，据 P.2856 改；“各”，当作“叔”，据 P.2856 改。

［2］“一名”，据 P.2856 及文义补。

［3］“小差”，据 P.2856 补。

［4］“亥日大”，据 P.2856 补。

［5］“信”，当作“言”，据 P.2856 及文义改。

［6］“嗔”，《敦煌占卜文献与社会生活》释作“颈”，误，当作“项”，据 P.2856 及文义改。

［7］“明”，据 P.2856 补。

［8］“在舍东”，据 P.2856 补。

［9］“子”，据残笔画及 P.2856 补；“差”，据残笔画及 P.2856 补。

［10］“憍”，P.2856 作“乔”。

［11］“腥”，P.2856 作“星”。

［12］“吉”，当作“去”，据 P.2856 及文义改。

［13］“上”，据 P.2856 及文义补；“之”，当作“主”，据 P.2856 及文义改。

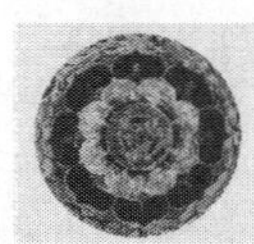

参考文献

黄正建：《关于〈俄藏敦煌文献〉第11至17册中占卜文书的缀合与定名等问题》，《敦煌研究》2002年第2期，第48页。

王晶波：《敦煌占卜文献与社会生活》，兰州：甘肃教育出版社，2013年，第454—455页。

郑炳林、陈于柱：《敦煌占卜文献叙录》，兰州：兰州大学出版社，2014年，第151—152页。

P.3556V《推十干》

释文

1 推十干　甲乙日病者，鬼姓起，名天保[1]，令人头疼，以

2 十青纸身[2]，呼名求之吉。

3 丙丁日病者，鬼姓田，名良[3]，令人吐逆，以赤纸身，呼名求之差。

4 戊己日病者，鬼姓冯，名有言，令人恍惚，以黄纸身，呼名求之差。

5 庚辛日病者，鬼姓名〔田〕有春[4]，令人心痛，以白纸身，呼名求之吉。

6 壬癸日病者，鬼姓田，名得生[5]，令人狂，以黑纸身，呼名求之差[6]。

校记

[1]“保”，S.P.6 作“宝”。

[2]“青”，《敦煌占卜文书与唐五代占卜研究》释作“白”，误；“身”，《敦煌占卜文书与唐五代占卜研究》未能释读。

[3]“良”，S.P.6 作“得良”。

[4]“田”，据 S.P.6 及文义补。

[5]“生”，S.P.6 作“春”。

[6]“差”，《敦煌占卜文献与社会生活》释作“吉”，误。

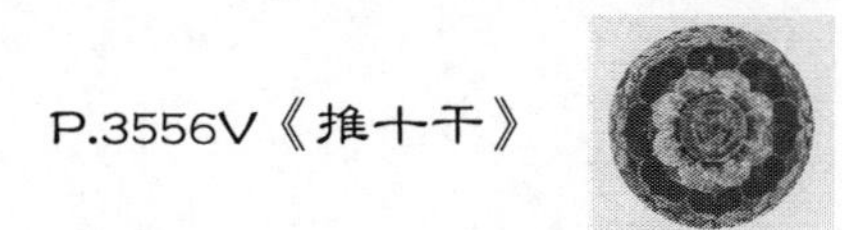

参考文献

黄正建：《敦煌占卜文书与唐五代占卜研究》，北京：学苑出版社，2001年，第140页。

王晶波：《敦煌占卜文献与社会生活》，兰州：甘肃教育出版社，2013年，第465页。

郑炳林、陈于柱：《敦煌占卜文献叙录》，兰州：兰州大学出版社，2014年，第152页。

S.P.6《推十干得病日法》

释文

1 推十干得病日法

2 甲乙〔日〕病者[1]，鬼〔姓〕起[2]，〔名〕天宝[3]，东

3 南来，呼名，青纸，解送即差。

4 甲乙鬼形。

图1 鬼形象（一）

5 丙丁日病〔者〕[4]，〔鬼〕名丑得良[5]，呼名

6 与赤纸钱财，解送立差。

图2 鬼形象（二）

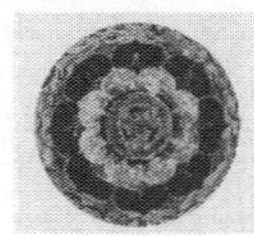

7 丙丁鬼形。

8 戊己日病〔者〕[6]，鬼名冯有言，书

9 名黄纸钱财，送至便差。

图3 鬼形象（三）

10 戊己鬼形。

11 壬癸〔日〕病者[7]，鬼名田得春，书

12 名与黑祇（纸）〔钱〕财[8]，解送之立差。

13 壬癸鬼形。

图4 鬼形象（四）

14 庚辛〔日〕病〔者〕[9]，鬼〔名〕田有春，与白祇

15 （纸）〔钱〕财[10]，呼名解送即差。

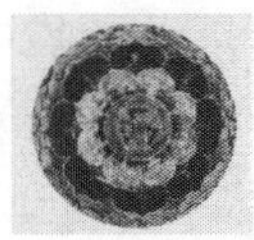

16　庚辛鬼形。

图 5　鬼形象（五）

校记

［1］“日”，《敦煌本〈唐乾符四年丁酉岁（877 年）具注历日〉“杂占”补录》据文义校补。

［2］“姓”，据 P.3556V 及文义补。

［3］“名”，据 P.3556V 及文义补；“宝”，P.3556V 作“保”。

［4］“者”，据文义补。

［5］“鬼”，《敦煌本〈唐乾符四年丁酉岁（877 年）具注历日〉“杂占”补录》据文义校补。此句 P.3556V 作“鬼姓田，名良”，据之，疑句中“丑”或为“田”之讹。

［6］“者”，据文义补。

［7］“日”，《敦煌本〈唐乾符四年丁酉岁（877 年）具注历日〉“杂占”补录》据文义校补。

［8］“祇”，《敦煌本〈唐乾符四年丁酉岁（877 年）具注历日〉“杂占”补录》未能释读，当作“纸”，据文义改，“祇”为“纸”之借字；“钱”，据文义补。

［9］“日”，《敦煌本〈唐乾符四年丁酉岁（877 年）具注历日〉“杂占”补录》据文义校补；“者”，据文义补。

［10］“祇”，《敦煌本〈唐乾符四年丁酉岁（877 年）具注历日〉“杂占”补录》未能释读，当作“纸”，据文义改，“祇”为“纸”之借字；“钱”，据文义补。

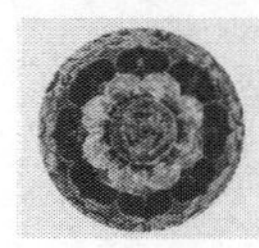

参考文献

邓文宽:《敦煌本〈唐乾符四年丁酉岁(877年)具注历日〉“杂占”补录》,段文杰、茂木雅博主编:《敦煌学与中国史研究论集》,兰州:甘肃人民出版社,2001年,137—138页。

Дx.01258＋Дx.01258V＋Дx.01259（＋Дx.04253V）＋Дx.01259V（＋Дx.04253）＋Дx.01289＋Дx.01289V＋Дx.02977＋Дx.02977V＋Дx.06761＋Дx.06761V＋Дx.03165V＋Дx.03165＋Дx.03829＋Дx.03829V＋Дx.03162＋Дx.03162V《天牢鬼镜图并推得病日法》

释文

1 **天牢鬼镜图并推得〔病〕日法**[1]张师天撰

（以下为Дx.01258V）

2 系无罪，病者自差。

3 者，囚系速出，□□

4 病者速差[2]。

5 内者，囚系难出，诉讼

6 者（？）速（？）差。

7 第三牢内者，囚系有罪，争讼

8 病者忧重。

（以下为Дx.01259＋Дx.04253V）

9 子日病者，不死，何以知之，神后，南斗

10 之孙[3]，注人命，故知不死。病者

11 手足烦疼[4]，从/外得之。辰

12 人来□□□/谢之吉。

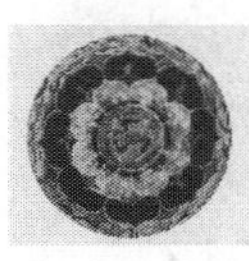

13 □生/死在申

14 午。

（以下为Дx.01259V＋Дx.04253）

（前缺）

15 知之？丑者

16 主生人命[5]，/故知不死。

17 头痛及□□心腹。/祟在北君

18 解谢之吉。巳日小差，未/日大差[6]。

19 死在酉日，知之，男轻女重。

20 寅日病者，不死，何以知之，寅者〔功〕

（以下为Дx.01289）

21 曹[7]，天上五（？）官，注人寿命，故知不死。病

22 者呕逆，乍寒乍热。祟在丈人北□。

23 午日小差，申日大差，生死在戌，男

24 重女轻[8]，解之大吉。

25 卯日

（中缺）

（以下为Дx.01289V）

26 辰日病□

27 天罡，天上官（？）吏，主人命，故知大□

28 病者头痛，心腹胀满[9]，祟在□□

29 丈人，解谢之，吉。申日小差，戌日大

30 差，生死在子日　俱从外得。

（以下为Дx.02977）

31 巳日病者，不死，何以知之，巳者□

32 乙，天上南斗之子，注主人命，故知不

33 死。病者头痛，饮食不下，祟在

34 年命土公，解谢之吉。酉日小差[10]，□

35 日大差。生死在丑[11]

36 午日病者[12]

37 光，天上都

（以下为Дx.02977V）

38 病者头痛

39 下，祟在丈人[13]

40 大差，生死在寅日，女[14]

41 未日病者，小厄，何以知之，未者□□

42 天上娇女，主侍人命，故知小厄，病

43 者头痛[15]，乍寒乍热，祟在丈人

44 注鬼，解谢之吉。亥日小差，丑日

（以下为Дx.06761）

45 大差，生死在卯日。女重男轻。

46 申日病者，不死，何以知之，申者传

47 送[16]，天上主簿，注人命，故之（知）不死[17]。病

48 者头痛[18]，手足心腹。祟在丈人、山□

49 解之吉。子日小降，寅日大差。

50 生死在辰。女轻男重。

51 酉日病者[19]，小困[20]，何以知之，酉者从

（以下为Дx.06761V）

52 魁，天上□□注收人命，故知小困。

53 病者头痛、四支寒热，祟在丈人、

54 外鬼，解谢之吉。丑日小降，卯日大差，

55 生死在巳日，男轻女重。

56 戌日病者，大困，何以知之，天魁[21]，

57 天上北君，注收人命文案，故知大

58 困[22]。病者头痛、腰背上气。祟

（以下为Дx.03165V）

59 在天神北君，求谢之吉。寅日小降，

60 辰日大差，生死在子日，女轻男重。

61 亥日病者，小厄，何以知之，征明，天□

62 南斗之孙，注□人命，故知不死。病

63 者头痛[23]，手足寒热，乍减乍加。祟

64 在丈人、北君，求谢之吉。卯日小降，巳

65 日大差，死生在未日，男重女轻。

（以下为Дx.03165）

66 **推得病日法**

67 建日病者，犯东方土公、丈人，索食祀

68 祭不了，有龙蛇为怪，家亲所为。

69 解之吉，七日差。除日病者，客死鬼

70 为祟，来去有时，耗人财物，令人□

71 讼，急须安宅解之吉，五日差。满日

72 病者[24]，断后不葬鬼与人为祟，病者

（以下为Дx.03829）

73 寒热，解送之吉，七日小降，十日大差。

74 平日病者，西南有造作，犯触神树，

75 不葬鬼为之。急谢之。五日小降，七日大差[25]。

76 定日病者，大神并司命鬼为祟，病

77 者心腹胀满[26]，须谢饲（祀）之吉[27]，七日小降，

78 十日大差。执日病者，有大神及宿

79 愿不赛，丈人将新死鬼为祟，解

（以下为Дx.03829V）

80 送之吉，七日小降，十日大差。破日病者，

81 犯触家废灶，土公丈人欲得食，

82 并星死鬼为之，解送之吉，五日小降[28]，

83 七日大差。危日病者，犯触□

84 南树神，丈人嗔责，遣客死鬼为□，

85 解谢送吉，七日小降，十日大差。

（以下为Дx.03162）

86 诗曰：

87 衰气五鬼有飞灾，不宜买六□□

88 来，更忌吊丧并动土，定应□

89 病损钱财。

90 绝命、祸害百不宜，迎师问病及□

91 医，若往此□衰厄病，

92 困死无后

（以下为Дx.03162V）

93 方婚姻移□□

94 财并六畜，孳生万倍定

95 天医之方宜服药、求师疗病□□

96 恶，针灸一切往其方，先圣□

97 经，定不错。

98 黄帝曰，凡人灾并（病）之方名曰[29]

99 往来其地，必见死亡。

校记

［1］“牢”，*Divination et sociétédans la Chine médiévale. Etudedes manuscripts de Dunhuang de La Bibliothèdque nationale de France et du British Museum* 释作“宇”，误；“病”，《敦煌占卜文书与唐五代占卜研究》据文义校补。

［2］“速”，《敦煌占卜文献与社会生活》释作“迟”，误。

［3］“斗”，据P.2856《发病书》及文义补。

［4］“烦”，《敦煌占卜文献与社会生活》释作“头”；“疼”，《敦煌占卜文献与社会生活》未能释读。

［5］“主生”，笔者按：P.2856《发病书》之“推得病日法”常有“主生人命”之占文，故据此补，《敦煌占卜文献与社会生活》释作“注”。

［6］“差”，据P.2856《发病书》之“推得病日法”丑日条“巳日小差，未日大

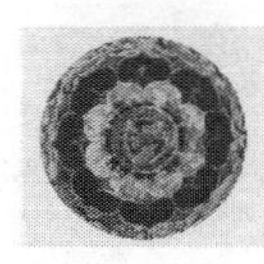

差”文例及文义补。

[7]“功”，据P.2856《发病书》之“推得病日法”寅日条“寅日病者，不死，寅者，功曹”句及文义补。

[8]“男”，据文义补。

[9]“心”，据P.2856《发病书》之“推得病日法”辰日条“十死一生，为人黄色，头痛，心腹胀满”句及文义补。

[10]“差”，据文义补。

[11]“生死在丑”，俄藏敦煌文献Дx.05193第一行“日，男重女轻”疑可衔接此处。

[12]“午日病者”，俄藏敦煌文献Дx.05193第二行“何以知之，午者”疑系此句后之残文。

[13]“祟在丈人”，俄藏敦煌文献Дx.05193V第一行“吉，戌日小差，子”疑系此句后之残文。

[14]“生死在寅日，女”，俄藏敦煌文献Дx.05193V第二行“轻男重”疑系此句后之残文。

[15]“病”，据文义补。

[16]“传”，据P.2856《发病书》之“推得病日法”申日条“申日病者，不死，申者传送”及文义补。

[17]“之”，当作“知”，据文义改，“之”为“知”之借字。

[18]“病”，据文义补。

[19]“者”，据文义补。

[20]“小”，据文义补。

[21]“魁”，据P.2856《发病书》之“推得病日法”戌日条“戌日病者，大重，天魁”及文义补。

[22]“大”，据文义补。

[23]“病”，据文义补。

[24]“日”，据文义补。

[25]“差”，据文义补。

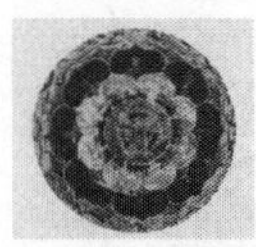

[26]“病”，据文义补。

[27]“饲”，当作“祀”，据文义改，“饲”为“祀”之借字。

[28]“降”，据文义补。

[29]“并”，当作“病”，据文义改，“并”为“病”之借字。

Дx.01258＋Дx.01258V＋Дx.01259（＋Дx.04253V）＋Дx.01259V（+Дx.04253）+Дx.01289+Дx.01289V+Дx.02977+Дx.02977V＋Дx.06761＋Дx.06761V＋Дx.03165V＋Дx.03165＋Дx.03829＋Дx.03829V＋Дx.03162＋Дx.03162V《天牢鬼镜图并推得病日法》

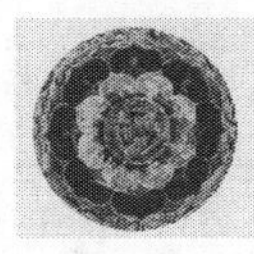

参考文献

黄正建：《关于〈俄藏敦煌文献〉第 11 至 17 册中占卜文书的缀合与定名等问题》，《敦煌研究》2002 年第 2 期，第 48—49 页。

王晶波：《敦煌占卜文献与社会生活》，兰州：甘肃教育出版社，2013 年，第 462—464 页。

郑炳林、陈于柱：《敦煌占卜文献叙录》，兰州：兰州大学出版社，2014 年，第 153—157 页。

黄正建：《敦煌占卜文书与唐五代占卜研究》（增订版），北京：中国社会科学出版社，2014 年，第 126—127 页。

S.1468《推十二时中得病日等占法抄（拟）》

释文

（前缺）

1 □□□者作鬼小儿号□□□[1]

2 □病人上，宜好守之，不离是 一鬼在入门前上□

3 头，司人虚便。其鬼夜被光，人不觉。此鬼又法人闑前入，在离上

4 □鸡鸣[2]，见鸡上梨鸣者[3]，宜趁之大吉。又曰：病者头目痛，四支不□□

5 言，祟在庭中，此人犯灶君，啧家亲[4]，被责灶中，口舌事家□□[5]

6 鬼欲铜铁事，青衣女子鬼、新死伯叔来在门外，遣之，大吉。

7 酉日病，鬼姓学，名少杨，年卌七岁。鬼有七人，一者在人门，手把杵竹□

8 头有铜钩[6]，捕人魂魄，藏在人西方，去舍六十步。其处有丘庄，庄边□

9 自死草丛，鬼在其中。又一鬼领五鬼，复在舍北角，头出孔子，有大蛇□

10 头处是大欲连流炎，则东家五人有病，女年七岁。又曰：病是家

11 年少鬼、女妇鬼，复有啧衣服事，家有黑色人，多咒咀（诅）[7]，清斋谢之，大吉。

12 戌日病者，鬼姓清，名仲卿，十五鬼，石人家宅西北下崖孔中[8]，如无崖

13 即以三口一鬼在其处，去舍卅丈，为德思头，清目黄手[9]，把炎精火，常

14 欲烧人屋舍。其鬼病人，欲染五家，此时是五病，令人妄语，其老

15 禁人家亲，遣吉。又曰：病是内刀兵之鬼，居三年草中他□□来在

16 门欲食[10]，神又骑马者，人苦腰、背病□□□重心□恍惚，口干重，宜

17 趁大吉。

18 亥日病，鬼姓刘，名伯子，七鬼，去舍八十步，有鹊巢为德，有干枯木

19 黑鸟在上，不鸣。此是注煞病，欲连及仲子，鬼藏不出，黄昏时，欲有衣

20 黄衣人从外来宿，可前之，鬼欲逐去，鬼在病人床西头大瓮中，鬼有啧[11]，

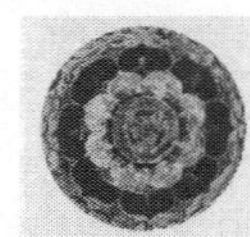

21 大鲤鱼也。又曰：亥日病，咽喉肿，气臭，体烦楚，此病是恶鬼、外星血鬼，是

22 伯叔，年六十许，卌七许，二人平衣，是号刀外之食，昨夜惊犬，此引拾将

23 病来。宜急遣之，大吉。

24 右已前十二时中得病日，推勘即知轻重。

25 子日得病者，须赤小豆一升，水花五升，卯上土五升，合泥绪置午地

26 上，去舍九步，不然九尺，其病即差。

27 丑日得病者，须火炭卅五挺，每长五寸，取子上土九升，江水三升，生铁

28 五斤，合泥置未上，去舍八步，亦八尺，其病即差[12]。

29 寅日得病者，须死人骨一枚，大豆三升，生铁十斤，取亥上土四升，作泥

30 置申上，去舍七十步，亦七步，即差。

31 卯日病者，须五姓人来者，人别土五升，清酒一升，生铁九斤，置大门

32 中埋，病即差。

33 辰日病者，须东家陌头土七升，以赤小豆七升，白米七升，川流水一升

34 □瓮盛之，置病人房内，即差。

35 巳日病者，须作土人七枚，每长七寸，书人腹作“鬼”字，以酒脯祭之，咒曰：今

36 日某甲疾病，今土人七个，某乙身命，土人一去，其鬼一个不得更住。土人一发，

37 其病即绝。五止已寒虐毁病人不得火，急急如律令，送五道头，

38 勿反面，其病即差。

39 午日病者，须舍西方土方别三升，作泥于庭中立作土人，高一尺，面向

40 北，遣手把刀，病人即差。

41 未日病者，须鹿角一枚，雄鸡尾一枚，埋大门限下，即差。

42 申日病者，须青丝绳一，长一丈，于庭中□作城[13]，中置长刀一口，四方

43 □燃灯[14]，病人即差。

44 酉日病者，修理头差，病人床前吉，又须致铁器，置门下埋之差[15]。

45 戌日病者，藏竹卅五段，每长三尺，桃木廿五段，每长一尺，梧桐木五枚，各长

46 九寸，总来用，病人甘水澹之[16]，而（如）五道头[17]，即差。

47 亥日病者，鬼在佰房中，其人家饮渍[18]，恒相争竞，鬼迷其心。鬼有二[19]，

48 一鬼在病人床头，常与病人语。又一鬼昨夜惊猪也，鬼长三尺三，两面上有

49 生毛，在其得椗中令酒后王举鸣[20]。

50 子日病，女重男轻；丑日病，女重男轻；寅日病，女重男轻；卯日病，男重女轻[21]；

51 辰日病，男重女轻[22]；巳日病，男重女轻；午日病，男重女轻；未日病，女重男轻

52 申日病[23]，□□□□。酉日病，女重男轻；戌日病，男重女轻；亥日病，男重女轻。

53 正月戌[24]，二月酉，三月申，四月未，五月午，六月巳，七月辰，八月卯

54 九月寅，十月丑，十一月子，十二月亥。

55 □□□□□前月日得者，十死一生，慎之大吉。

校记

[1]“儿”，《敦煌占卜文献与社会生活》释作“头”；第二组“□□□”，《英藏敦煌社会历史文献释录》第七卷释作“□姓侯”。

[2]“离”，《英藏敦煌社会历史文献释录》第七卷校改作“篱”。

[3]“梨”，《英藏敦煌社会历史文献释录》第七卷校改作“篱”。

[4]“喷”，《英藏敦煌社会历史文献释录》第七卷释作“嗔”。

[5]“口舌”，《英藏敦煌社会历史文献释录》第七卷释作“已意”。

[6]“竹□”，《英藏敦煌社会历史文献释录》第七卷释作“临”。

[7]“咀”，当作“诅”，《英藏敦煌社会历史文献释录》第七卷据文义校改，“咀”为“诅”之借字。

[8]“石”，《英藏敦煌社会历史文献释录》第七卷据文义校改作“在”。

[9]“清”，《英藏敦煌社会历史文献释录》第七卷校改作“青”。

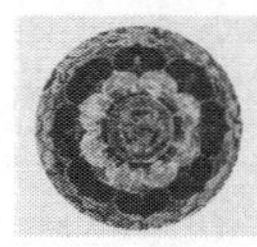

[10]“□□”，《英藏敦煌社会历史文献释录》第七卷释作“初初”，校改作“出出”。

[11]“啧”，《英藏敦煌社会历史文献释录》第七卷校改作“帻”。

[12]“即差”，据文义补。

[13]“城”，《英藏敦煌社会历史文献释录》第七卷释作“坤”。

[14]“□”，《英藏敦煌社会历史文献释录》第七卷释作“遍”。

[15]“差”，据文义补。

[16]“澹”，《英藏敦煌社会历史文献释录》第七卷释作“渥”。

[17]“而”，当作“如”，据文义改，敦煌文献中“而”与“如”经常互换使用。

[18]“渍”，《英藏敦煌社会历史文献释录》第七卷校改作“酒”。

[19]“二”，《英藏敦煌社会历史文献释录》第七卷在“二”后校补“人”字。

[20]“椗”，《英藏敦煌社会历史文献释录》第七卷校改作“庭”，并认为此举有脱误。

[21]“轻”，据文义补。

[22]“重女”，据文义补。

[23]“申日病”，据文义补。

[24]“正月戌”，笔者按此段内容为古代禁忌中的“月厌”，清《协纪辨方书》卷四引《天宝历》：“月厌者，阴建之辰也。所理之方可以禳灾、祈福、避病，所值之日忌远行、归家、移徙、婚嫁。”又引《历例》：“月厌者，正月在戌，逆行十二辰。”[①]该禁忌曾应用于中古疾病医疗宜忌中，唐孙思邈《备急千金要方》卷二十九“针灸”载：“月厌，戌酉申未午巳辰卯寅丑子亥，忌针灸”。[②]此段所补释文均据此补，不再出校。

---

① 李零主编：《中国方术概观·选择卷》，北京：人民中国出版社，1993年，第186页。

② （唐）孙思邈：《备急千金要方》，北京：人民卫生出版社，1955年影印本，第520页。

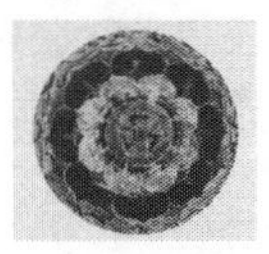

参考文献

马继兴：《敦煌古医籍考释》，南昌：江西科学技术出版社，1988 年，第 503—504 页。

［日］菅原信海：《占筮书》，《讲座敦煌》（5），东京：大东出版社，1992 年，第 447 页。

马继兴、王淑民、陶广正、樊正伦辑校：《敦煌医药文献辑校》，南京：江苏古籍出版社，1998 年，第 788—790 页。

黄正建：《敦煌占卜文书与唐五代占卜研究》，北京：学苑出版社，2001 年，第 143—144 页。

王卡：《敦煌道教文献研究——综述·目录·索引》，北京：中国社会科学出版社，2004 年，第 157 页。

张弓主编：《敦煌典籍与唐五代历史文化》，北京：中国社会科学出版社，2006 年，第 940—941、1024 页。

刘永明：《敦煌道教的世俗化之路：敦煌〈发病书〉研究》，《敦煌学辑刊》2006 年第 1 期，第 69 页。

郝春文、赵贞：《英藏敦煌社会历史文献释录》第七卷，北京：社会科学文献出版社，2010 年，第 19—26 页。

陈于柱：《区域社会史视野下的敦煌禄命书研究》，北京：民族出版社，2012 年，第 193 页。

王晶波：《敦煌占卜文献与社会生活》，兰州：甘肃教育出版社，2013 年，第 466—467 页。

郑炳林、陈于柱：《敦煌占卜文献叙录》，兰州：兰州大学出版社，2014 年，第 157—158 页。

Marc Kalinowski, *Divination et sociétédans la Chine médiévale. Etudedes manuscripts de Dunhuang de La Bibliothèdque nationale de France et du British Museum*.Paris: Bibliothèque Nationale de France，2003，pp. 504-505.

S.6216《推初得病日鬼法等占法抄（拟）》

释文

（前缺）

1 年六，十八，卅，卌二，五十四[1]，六十六，七十八，九十，男立卯[2]，□□□。

2 年七，十九，卅一[3]，卌三，五十五，六十七，七十九，九十一，男立寅[4]，□□□。

3 年八[5]，廿，卅二，卌四，五十六，六十八，八十，九十二，男立酉，女□□。

4 年九，廿一，卅三，卌五，五十七，六十九，八十一，九十三[6]，男立戌，女立子。

5 年十[7]，廿二，卅四，卌六，五十八，七十，八十二，九十四，男立亥，女立亥。

6 年十一[8]，廿三，卅五，卌七，五十九，七十一，八十三，九十五，男立子，女立□。

7 年十二[9]，廿四，卅六，卌八，六十，七十二，八十四，九十六，男立丑，女立戌。

8 凡主年立辰、戌、丑、未者，皆是衰年，金□□火、土死处，□□□

9 忧病苦生忧，非此年无忧。年反者天非祸所及，皆是天也。

10 子日病者[10]，鬼名天贼，四头一足一如（而）行[11]，使人手沉重，五藏不通，水肿大

11 死，其形厌之，大吉，鬼去千里外。急急如律令[12]。

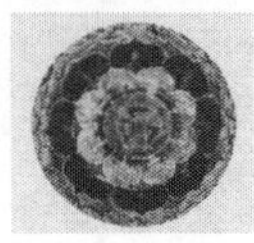

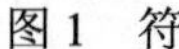

图1　符

图2　四头鬼形象

12　□□病者作此符吞，及〔着〕门户上[13]，鬼见形名即去千里。鬼字天刚，青身□面，手□□□。

13　□□足行人间，令人噎寒，身肿头痛。厌之大吉。男轻女重，心、腹、腰、背、胸、乳痛，

14　祟在丈人、社公、灶君、土公、山神、司命，外得鬼字石安低伯君，卯舍东七十步，送

15　火。丑未日差，〔年〕立丑未人忌八月[14]，九月差，急解已，亥日差，生死在酉日，父母不□

16　□急解即差，大吉。

（后缺）

校记

［1］“年六，十八，卅，卌二，五十四”，据文义补。

［2］“男立”，据文义及文例补。

［3］“年七，十九，卅一”，据文义补。

［4］“男立”，据文义及文例补。

［5］“年”，据文义补。

［6］“三”，据文义补。

［7］“年”，据残笔画及文义补。

［8］“年”，据文义补。

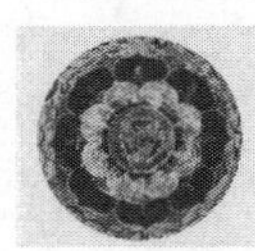

[9]“年”，据文义补。

[10]“子”，据 P.2856《发病书·推初得病日鬼法》之“子日”占辞及文义补。

[11]“一”，据文义及 P.2856《发病书·推初得病日鬼法》系衍文，当删；“如”，当作“而”，据文义改，敦煌文献中“而”与“如”经常互换使用。

[12]“令”，据文义补。

[13]“着”，《敦煌占卜文书与唐五代占卜研究》据文义校补。

[14]“年”，据文义补。

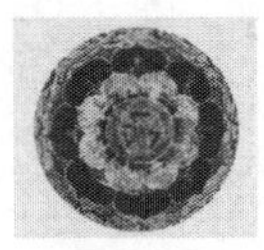

参考文献

［日］菅原信海：《占筮书》，《讲座敦煌》（5），东京：大东出版社，1992 年，第 458 页。

黄正建：《敦煌占卜文书与唐五代占卜研究》，北京：学苑出版社，2001 年，第 141 页。

王卡：《敦煌道教文献研究——综述·目录·索引》，北京：中国社会科学出版社，2004 年，第 157 页。

刘永明：《敦煌道教的世俗化之路：道教向具注历日的渗透》，《敦煌学辑刊》2005 年第 2 期，第 205 页。

刘永明：《敦煌道教的世俗化之路：敦煌〈发病书〉研究》，《敦煌学辑刊》2006 年第 1 期，第 71 页。

王晶波：《敦煌占卜文献与社会生活》，兰州：甘肃教育出版社，2013 年，第 464—465 页。

郑炳林、陈于柱：《敦煌占卜文献叙录》，兰州：兰州大学出版社，2014 年，第 152—153 页。

Marc Kalinowski, *Divination et sociétédans la Chine médiévale. Etudedes manuscripts de Dunhuang de La Bibliothèdque nationale de France et du British Museum.*Paris: Bibliothèque Nationale de France，2003，p.506.

Дx.05193《推得病日法》

释文

（以下为 Дx.05193 正面）

（前缺）

1 日，男重女轻

2 何以知之，午者

（以下为 Дx.05193 背面）

3 吉，戊日小差，子

4 轻男重

（后缺）

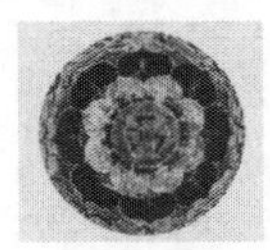

参考文献

黄正建：《关于〈俄藏敦煌文献〉第 11 至 17 册中占卜文书的缀合与定名等问题》，《敦煌研究》2002 年第 2 期，第 49 页。

王晶波：《敦煌占卜文献与社会生活》，兰州：甘肃教育出版社，2013 年，第 463 页。

P.3081《七曜日得病望、推人八卦游载所至厄法等占法抄（拟）》

释文

（以下为文书正面）

23 七曜日得病望。蜜日得病，轻，八日内厄，宜服白药，于东方上取医及药，向祭先亡吉。

24 莫日得病，稍重，十四日厄，不死，宜服黑药，吉，祀向月神吉。看病。

25 云汉日得病，极重，宜速救之，须服赤药，宜相（向）西南取医及药吉[1]。出血宜祭火神吉。

26 嘀日得病，微重，十四日内差，宜服黑药，正北求医及药吉，宜祭河伯将军、水神吉。

27 郁没斯日得病，轻，不足忧，须服青药，于正东求医药吉，宜求家亲先

28 亡吉，宜求九子母吉。那颉日得病，厄，为邪鬼所着，难差，宜白药吉。

29 鸡换日得病，虽重不死，宜取僧医及黄药吉，宜求本命灶君及北斗吉。

（以下为文书背面）

1 推人病，先问时日定，然后推之可不失一。

2 若不得时日定，推皆有错会不同，其病若久气冷[2]，亦须

3 取先得时日，若年命行年月辰方所于食饮上，徵得

4 亦已之后[3]，若推病，差有迟疾，即依文断，无有不定。

5 若天行卒患，于何方得，须已（依）时日从此已下厄难推

6 之[4]，决定无疑，二分衰厄，一分王相，可疗治，三分忌厄，一分

7 王相，难下手，死马治，宜修功德。后有推之审看，莫贪利

8 益，往（枉）法取财[5]，必不安稳，转语后学人也。

9 推人八卦游载所至厄法，得病轻重吉凶。

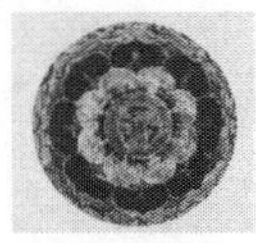

10 行载立乾，大厄二六十三日，不可南行及前南方人吉，所逢病家，姓马□，向人生气，若己卯、己酉、己丑、己亥、己巳，此时日得病者，十死一生。

11 行载立坎，大〔厄〕正月七十四日[6]，不可西南行，多逢鬼家，姓宗字非明，向人生气，若乙未、乙卯、癸丑、癸亥、癸酉，此日得病，十死一生。

12 行载立艮，大厄四十月十五日二十三日，不得东南行及前东南，必逢怨家，姓张、周、武，向人生气，若辛丑、辛亥、辛酉，此日得病，十死一生。

13 行载立震，大厄三九月一日，不可东行及前东方人，多逢怨家，姓通字仲明，向人生气，若庚子、庚寅、庚申、庚戌，此日病者，十死一生。

14 行载立巽，大厄六月十二月九日十七二十五日，不可东北行及前东北人，必逢怨家，姓索，向人生气，若丙午、丙申、丙寅、戊子，此日得病，十死一生。

15 行载立离，大厄五十一八日，七八二十八日，不可西北行及前西北人，逢怨家，姓韩、莫、耗，向人生气，若壬辰、壬午、壬申、壬戌，此日病，十死一生。

16 行载立坤，大厄五月十一月，十五二十五日，不可北行及前北方人，必见怨家，姓任、杨、武，向人生气，若戊申、戊寅、戊辰、戊戌、戊子，此日病，十死一生。

17 行载立兑，大厄八五月二八日，不得东行及前东北，多逢怨家，姓王、谈、张，向人生气，若丁巳、丁丑、丁亥、丁酉、丁未，此日得病，十死一生。

18 以前凡人避病以月德及生气上吉，亦可看生气色衣，

19 若生得悉，即移向月德避之吉。

20 推人得病轻重法。

21 金命人不可夏月病，五四月，此月病十死一生。金煞在辰。土命人不可春月病正二月，及水日，病十死一生。土煞在辰。

22 火命人不宜冬月病，十、十一月病，十死一生。火煞在丑。木命人，不可秋得病，若七八月金满日病，十死一生。木煞在戌。

23 水命人不可四季十月病，十死一生。水煞在未。前厄又不宜本命煞日得病，病十死一生。

24 木命人未日病，死，木墓在未。木日小困。水日病差。土日病困。金日病大凶。

25 火命人戌日病，死，火墓在戌。火日亦困。金日小困。木日病差。水日得死。

26 土命人辰日病，死，土墓在辰。火小困。水日亦凶。金日即差。土日病差。

27 金命人丑日病，死，金墓在丑。水日即差。木日小困。火日大困。土日病差。金日亦困。

28 水命人辰日病，死，水墓在辰。火土日小厄至困恐死。金木日平安。

29 推人元辰法，假令甲子生，男以乙未为元辰，女以乙巳为元辰，男阳命女阴命用前一冲为元辰[7]，男阴命女阳命用后一冲为元辰。他仿此。

30 阳命男前辰冲为元辰，阴命男后辰冲为元辰，

31 阴命女与阳命男同，阳命女与阴命男同。

32 若人本命在子，男在未女在午（巳）。[8]本命丑，男午女申。本命寅，男酉女戌（未）。[9]命在卯，男申女丑（戌）。[10]本命辰，

33 男亥女酉。本命巳，男戌女午（子）。[11]本命午，男丑女亥。本命未，男子女寅。本命申，男卯女丑。

34 本命酉，男寅女辰。本命戌，男〔巳〕女〔卯〕。[12]本命亥，男〔辰〕男（女）〔午〕。[13]年立男从戊已顺，女从□□□

35 已上元辰者是人生死之决也，凡人亦不用行载本命日得病，得病者亦

36 死，生者斗推，此元辰日者是人厄会之期也。

37 甲寅，乙卯，甲申，乙酉，丙子，丁丑，壬辰，癸巳，丙午，〔丁〕未[14]，壬戌，癸亥，并水命。

38 右件水命人行载立在辰者，其载合入墓之门开，当载之中忧火

39 光口舌病厄，宜辟之，造功德及本命神符吉。

40 甲戌，乙亥，丙寅，丁卯，戊子，己丑，丙申，丁酉，甲辰，乙巳，戊午，己未，并火。

41 右火命人行载立戌，入墓之门开，其载之中忧病口舌厄，准前。

42 戊辰，己巳，壬午，癸未，庚寅，辛卯，戊戌，己亥，壬子，癸丑，庚申，辛酉，并木命。

43 右本命木行载立未，入墓之门开，其载之中忧死之事，马死事。

44 甲子，乙丑，壬申，癸酉，庚戌，辛亥，甲午，乙未，壬寅，癸卯，庚辰，辛巳，并金命。

45 右本命金行载立丑，入墓之门开，当载忧患，准前。

46 庚子，辛丑，戊申，己酉，丙辰，丁巳，庚午，辛未，戊寅，己卯，丙戌，丁亥，并土命。

47 右本命土行载立辰，入墓之门开，当载忧患，准前。

48 推病法，先问病人时日，其病时日，不相克者吉，相克者凶差[15]，时克日辰死，

49 日辰克时难差，若被时克日辰，十死一生，若日辰克时差日

50 建亦重，时日相扶差，吉。

51 右问病人何载月时生定吊问[16]，何载月日得病，以金木水火土

52 推王相囚死胎没休废，送相人出吊，观六舌死，十二辰依三从二并

53 吉凶。若人得病，行载无相一衰，游载无王相二衰，

54 本命无王相三衰，月无王相为四衰，日无王相五厄，时无王相□，

55 生载月得病一厄，生月二厄，生日三厄，生时四厄，

56 行载与本命五厄，游载克本命六厄，太岁克本命七厄，时日

57 克月十二厄。

58 推人三丘五墓，知人生死，十二月忌日，三丘五墓临病人□□治之慎，

59 春三月三丘亥五墓午，夏三月三丘巳五墓卯，秋三月三丘寅五墓未，冬三月三丘申五墓丑。

60 推六煞所在，正月天煞在未地煞在丑，二月天煞辰地煞戌，三月天煞丑地煞未，四月天煞在戌地煞在辰，

61 五月天煞在未地煞在丑，六月天煞在辰地煞在戌，七月天煞在丑地煞在未，八月天煞在戌地煞在辰，九月天煞在戌地煞在辰，

62 十月天煞辰地煞戌，十一月天煞丑地煞未，十二月天煞戌地煞辰。

63 推月煞厌煞所在法。

64 正月月煞丑、厌戌，二月月煞戌、厌酉，三月月煞未、厌在申，四月月煞辰、厌未，五月月煞丑、厌午，六月煞戌、厌巳，

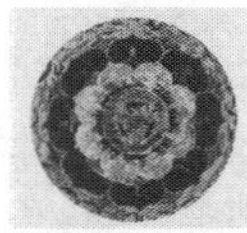

65 七月月煞未、厌辰，八月月煞辰、厌卯，九月煞丑、厌寅，十月月煞戌、厌丑，十一月月煞未、厌子，十二月月煞辰、厌戌[17]。

66 时月日病，十死

（后缺）

校记

［1］“相”，当作“向”，据文义改，“相”为“向”之借字。

［2］“冷”，《敦煌占卜文献与社会生活》释作“合”。

［3］“微”，《敦煌占卜文献与社会生活》释作“欲”。

［4］“已”，当作“依”，据文义改。

［5］“往”，当作“枉”，据文义改，“往”为“枉”之借字。

［6］“厄”，据文义补。

［7］“阴命用前一冲”，据文义补。P.3322《式法》：“《元辰经》曰：行年入元辰年，修善之岁，男子、女人皆有死厄。”《三命通会·论元辰》：“元辰者，别而不合之名。阳前阴后，则有所屈，屈则于事无所申；阴前阳后，则直而不遂，于事暴而不治，难与同事，故谓之元辰。是以阳男阴女，在冲前一位支辰；阴男阳女，在冲后一位支辰。”

［8］“午”，当作“巳”，据文义改。

［9］“戌”，当作“未”，据文义改。

［10］“丑”，当作“戌”，据文义改。

［11］“午”，当作“子”，据文义改。

［12］“巳”、“卯”，据文义补。

［13］“辰”、“午”，据文义补；“男”，当作“女”，据文义改。

［14］“丁”，据文义补。

［15］“差”，《敦煌占卜文献与社会生活》释作“若”，误，疑系衍文，据文义当删。

［16］“定”，《敦煌占卜文献与社会生活》未能释读；“吊”，《敦煌占卜文献与社会生活》释作“弟”，误，以下同，不另出校。

［17］“戌、厌丑，十一月月煞未、厌子，十二月月煞辰、厌戌”，据文义补。

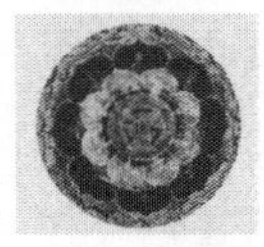

参考文献

黄永武新编：《敦煌古籍叙录新编》第 9 册，台北：新文丰出版公司，1986 年，第 170 页。

黄正建：《敦煌占卜文书与唐五代占卜研究》，北京：学苑出版社，2001 年，第 144、145 页。

王晶波：《敦煌占卜文献与社会生活》，兰州：甘肃教育出版社，2013 年，第 467—468 页。

Marc Kalinowski ,*Divination et sociétédans la Chine médiévale. Etudedes manuscripts de Dunhuang de La Bibliothèdque nationale de France et du British Museum*. Paris: Bibliothèque Nationale de France，2003，p.471.

P.T.55《十二因缘占卜·寿元品》(古藏文)

释文

(以下为格桑央京释文)

19 寿元品：无明日得病，有半月之阴卓鬼难，若护持五日，便能解脱。
20 行支日得病，于第三日或七日有阴卓鬼难，若护持三日，便能解脱。
21 识支日得病，于第五日或八日有阴卓鬼难，若护持七日，便能解脱。
22 名色支日得病，于第三日或五日之昼夜有阴卓鬼猖獗，若护持三日，抑或死，
23 抑或免死。六入支日得病，于第三日或第四日有阴卓鬼难，
24 病十日后解脱。触支日得病，第三日或第八日有阴卓鬼难，
25 即便完全解脱，亦成病夫，活命长久。受支日得病，第五日或第九日
26 有阴卓鬼难，若有起色，第十日解脱。爱支日得病，于第八日或第十日有
27 阴卓鬼难，即便解脱，至第十九日，抑或死，抑或免死。取支日
28 得病，十日内阴卓鬼瞬间临头而死，能度过此瞬间，则不死。有支日
29 得病，第三日或第九日有阴卓鬼难，若能越过则恒患不至。生支
30 日得病，第五日有阴卓鬼难，若能越过，则于第八日解脱，尔后第八日或
31 第十二日有阴卓鬼难，若能越过，则能解脱。老死日得病，于第三日
32 或第七日有阴卓鬼难，若能越过，则能解脱。祈求阴卓鬼讫。

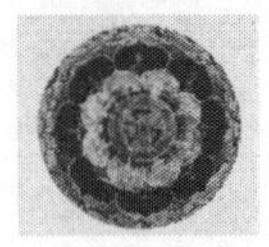

参考文献

黄维忠：《P.T.55 号〈十二支缘生〉初探》，《贤者新宴》第 2 辑，北京：北京出版社，1998 年，第 211—215 页。

格桑央京：《敦煌藏文写卷 P.T.55 号译释》，《藏学研究》第 9 辑，北京：民族出版社，1998 年，第 248—271 页。

郑炳林、陈于柱：《敦煌古藏文 P.T.55〈解梦书〉研究》，《兰州学刊》2009 年第 5 期，第 1—4 页。

Ch.468（T II D 287）《推五子日病法、反支法等占法抄（拟）》

释文

（前缺）

1 魄在离，来去鬼剪射病人背

2 西北师治之，服黄药吉。

3 壬申日病，至戊戌日廿七日差

4 甲申日病，至戊子五日差，兵

5 □□年反支法：左行十二辰□

6 女年廿九，反支□

（后缺）

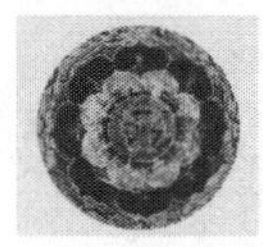

参考文献

荣新江：《海外敦煌吐鲁番文献知见录》，南昌：江西人民出版社，1996年，第83页。

荣新江：《德国吐鲁番收集品中的汉文典籍与文书》，载饶宗颐编：《华学》3，北京：紫禁城出版社，1998年，第314页。

荣新江主编：《吐鲁番文书总目•欧美收藏卷》，武汉：武汉大学出版社，2007年，第38—39页。

Nishiwaki，Tsuneki，2001.*Chinesische Texte vermischten Inhalts aus der Berliner Turfansammlung*. Stuttgart: Franz Steiner Verlag，2001，p.92；Marc Kalinowski, *Divination et sociétédans la Chine médiévale. Etudedes manuscripts de Dunhuang de La Bibliothèdque nationale de France et du British Museum*. Paris: Bibliothèque Nationale de France，2003，p.475.

Ch.1617 背（T II T 3072）《发病书（拟）》

释文

（前缺）

1 失夫痔病，妇人带下漏，血星鬼为之

2 俱病，病者祟在血星鬼伏爻□飞

3 □净也，是守常改安净

（后缺）

参考文献

荣新江：《德国吐鲁番收集品中的汉文典籍与文书》，载饶宗颐编《华学》3，北京：紫禁城出版社，1998年，第317页。

马继兴：《当前世界各地收藏的中国出土卷子本古医药文献备考》，《敦煌吐鲁番研究》第6卷，北京大学出版社，2002年，第159页。

荣新江主编：《吐鲁番文书总目•欧美收藏卷》，武汉：武汉大学出版社，2007年，第134—135页。

Marc Kalinowski, *Divination et sociétédans la Chine médiévale. Etudedes manuscripts de Dunhuang de La Bibliothèdque nationale de France et du British Museum.*Paris: Bibliothèque Nationale de France，2003，p.475.

Nishiwaki，Tsuneki，2001. *Chinesische Texte vermischten Inhalts aus der Berliner Turfansammlung*. Stuttgart:Franz Steiner Verlag，2001，p.95.

于阗文 Hedin17 号（A）《逐日身体不适推吉凶法》

释文

（以下为刘文锁汉译释文）

第七日，其肠子不适。凡彼处疼痛且发烫之人，尚能活命〔两〕年，并死去。

第八日，其肝脏不适。凡彼处疼痛且发烫之人，呕吐并死去。

第九日，其膝盖、肋、股不适。凡彼处疼痛且发烫之人，尚可活八日。

第十日，其脚掌与脚趾不适。凡彼处疼痛且流血之人，将罹病并死去。

第十一日，其面部与双足不适。凡彼处疼痛且流血之人，将失聪，尚可活命两年并死去。

第十二日，其头与前额不适。凡彼处疼痛且流血之人，尚可活两年并死去。

第十三日，其胳膊与股内不适。凡彼处疼痛且发烫之人，将……（hamdiskai）并死去。

第十四日，其静脉不适。凡彼处疼痛且发烫之人，尚可活命一百日并死去。

第十五日，其心脏与手不适。凡彼处疼痛且发烫之人，将失明并死去。

参考文献

刘文锁:《于阗文占卜文书》,樊锦诗、荣新江、林世田主编:《敦煌文献·考古·艺术综合研究》,北京:中华书局,2011年,第319—320页。

H.W.Bailey, *Khotanese Texts IV, Saka Text from Khotan in the Hedin Collection*, Cambridge University Press, 1961, pp.109-110.

《张天师发病书》*

释文

一日病：东南上客死鬼作病。头病身无力，食无味。黄钱五张，东南送三十步，大吉利。

二日病：东南得家亲鬼。初头疼，忽乱不安，四肢无力，吐不止，发冷发热。白小钱五张，东方送五十步，即安康。

三日病：北方得病是家鬼。乍冷热，食不进口。黄钱五张，正北上送四十步，大吉安。

四日病：东北上得病。手脚重，身忽乱，头中疼，吐不安。用黄钱五张，东北上送五十步。

五日病：东北上，石柳鬼作患。乍寒乍热，吐不安，鬼在床上坐。用黄小钱五张，东北五十步送之。

六日病：正东得病，头鬼作病。四肢沉重，遍身疼。白小钱五张，正东送之四十步，即安。

七日病：东南得病，土地神使家亲。吐寒热，手足沉重。用白小钱五张，送东南上二十步。

八日病：东北上得病，土地使妇人。足疼、四肢无力，食不进口。黄钱五张，送东北三十步。

九日病：正南上，少妇人。手足重，坐立不安，吐不止。白小钱五张，正南送三十步。

十日病：得病，正东。先轻后重，手足如打，头疼，忽乱不安。白小钱五张，正东上送三十步，大吉大利。

---

* 此件《张天师发病书》是笔者于2016年3月从江苏徐州沛县谢姓女士处搜集的线装写本。

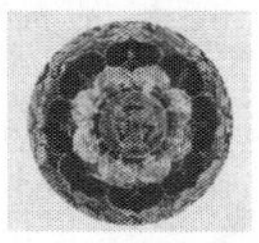

十一日病：得病正北，枉死妇人。上冷下热，吐不止。用黄小钱五张，西南送之三十步，大吉。

十二日病：东北上得病。先轻后重，吐不宁，坐立不安。用白小钱五张，东北上送三十步，大吉。

十三日病：得病东北上，少年男子鬼。忽乱不安，吃食无味。用黄小钱五张，正北送五十步外，即安。

十四日病：正东上得病，家人引鬼。手足冷，吃食无味，不安宁。白小钱五张，正东送三十步。

十五日病：正南上，水火二神作病。手足沉重，身体忽乱不安。白小钱五张，送正南三十步，大吉。

十六日病：西南得病，家亲。头疼，身重，四肢冷。用黄小钱五张，西南送四十步，即安。

十七日病：得病，正西，少年女鬼。头疼，坐立不安，寒热不分，手足冷。黄小钱五张，西方送三十步。

十八日病：西南借物吃食上得。乍寒乍热，忽乱不安，吃食无味，鬼在床东南上。白小钱五张，西南四十步送之。

十九日病：得病正北，枉死妇人鬼。上热下冷，吐酸水，不思饮食。用黄小钱五张，西南三十步送之。

二十日病：东北上病。先轻后重，土地使家人。呕吐不宁，起坐不安。白小钱五张，东北上送五十步，即安。

二十一日病：东北上家亲少年男子鬼。忽乱不宁，用黄小钱五张，正北四十步送之，即安。

二十二日病：正东井神引鬼兵。手足冷，不安宁，吃食无味。黄小钱五张，东南送三十步。

二十三日病：正南得病，五道山神使鬼作病。坐卧不安，肚子疼，黄小钱五张，西南四十步送之。

二十四日病：西南上老母不葬鬼作病。四肢沉重，寒热呕逆。黄小钱五张，向东南送五十步，即安。

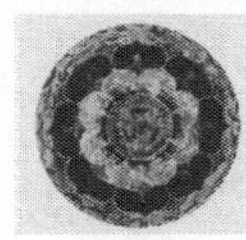

二十五日病：正西上金神老子鬼作病，不思饮食，鬼在卧床坐。黄小钱五张，正西四十步送之。

二十六日病：西北上，火神使尚鬼，头疼不安。用黄小钱五张，向西北方五十步送之，大吉。

二十七日病：正东得病，东方神使小男子未合鬼，头疼，吐水，恶心，乍冷乍热。黄小钱三张，正东送三十步。

二十八日病：正北上，金神使小女子鬼，头疼，发热，起坐不安，不思饮食。白小钱五张，向西送五十步。

二十九日病：东南上，土地使家亲鬼，头疼，沉重，乍寒□□，吃食无味，鬼在西南器物上坐。白小钱七张，东南方三十步送之，大吉。

三十日病：东北上，山神使男子鬼作病，头疼、脑疼，不思饮食。黄小钱五张，西北方四十步送之，大利。